重新定義思考！

從枯燥到創新
打破思維的邊界

當思考邏輯被重塑
混沌中的難題將迎來突破的契機

（Richard Weil Jr）
小理查德・威爾 著
李汪艷 譯

The Art of Practical Thinking

撬開僵局的鑰匙，不是力量
而是那一刻的深刻思考

走出迷霧，找到常規思維的突破口
讓每個念頭成為實現目標的工具

目錄

前言

Part 1　**探索思考的本質**

　　第一章　思考的必要性 ……………………… 009

　　第二章　剖析思考的定義 ……………………… 023

　　第三章　思考歷史中的重要啟示 ……………… 033

　　第四章　思考的可能性 ………………………… 043

Part 2　**掌握思考的技巧**

　　第五章　思考的核心工具箱 …………………… 051

　　第六章　提升思考能力指南 …………………… 101

　　第七章　精準運用思考工具 …………………… 121

Part 3　**實現思考的價值**

　　第八章　決策中的思考實踐 …………………… 141

　　第九章　宣傳與公關策略中的思考運用 ……… 165

　　第十章　財務規劃中的思考突破 ……………… 201

目錄

第十一章　管理中的思考創新 …………………… 219

第十二章　銷售手法中的思考應用 ………………… 229

第十三章　聚焦思考的終極目標 …………………… 239

前言

在第一章的開頭部分，你或多或少會發現促使我寫這本書的原因。我想在這篇前言中簡要地描述其中一個特殊目的，它既是我寫這本書的動機之一，同時也影響了這本書的寫作方式。

在工作中，我每天都要面對一連串不得不去解決的實際問題，透過思考找到這樣或者那樣的解決辦法。當面試求職者時，我們試圖去了解能勝任該職位的人的思考方式。當將某人安排在任何需要承擔責任的位置上時，我們試著去提高他們思考工作的效率。在處理日常業務問題時，我們試著將解決方案建立在良好思考的基礎之上。

但問題是良好地思考並不能輕易地做到，優秀的思考者同樣如此。我們不難找到有良好品格的人來工作。找到將良好品格、豐富的相關業務經驗以及令人滿意的開朗性格集於一身的人也不會難到哪裡去。真正困難的在於找到那些知道如何運用自己頭腦的人。

我們碰到的最大的麻煩（我堅信不疑，其他公司也都是如此）是尋找明白這一點的人：在面對需要解決的問題時，必須按照一定的順序採取某些特定的措施來解決問題。即使是一些如此簡單的事情，例如查明你是否有足夠的資訊，以及這些資訊

前言

是否可靠,人們似乎都是違背順序的情況比遵守順序的情況更多。正確地解決問題的規則是你必須首先說明問題是什麼,而這條規則似乎並不總是能明顯地影響商業人士的思考。有一點非常清楚,那就是很多並不知道規則存在的人都試圖在商業上獲得成功。他們十分努力地工作,試圖透過獲得豐厚的回報來實現富有,將所有的時間和精力都投入在一個他們每小時都會打破規則的遊戲中,然而他們甚至都不知道那些規則是什麼。

我曾考慮過把一位高級主管介紹到我們公司來任職,他會享有一個響亮的頭銜,他的工作只是去教會其他那些高級主管思考——並不是要他們成為智囊,而僅僅是去學習(並偶爾實踐)一些這樣的基本規則。當我提到的這個人決定繼續他的學術生涯時,計畫就化為了泡影。

我接下來想對我腦海中的理念做一個簡單的概述,並組織一系列非正式的討論組,目的是讓對此感興趣的人們有所了解。我想,隨著時間的推移,我們可以透過討論組有效地、廣泛地傳播這一個理念。我曾有一個想法(現在也有),那就是使在學習這個理念時所遇到的麻煩相對較小的那些人都獲得加薪。

就在那時,舒斯特先生來了,他說道:「你為什麼不寫一本這樣的書呢?」於是我就寫了這本書。

小理查德・威爾

Part 1
探索思考的本質

「為什麼我們應該對這個課題感興趣」,接著是,「主題是什麼」,然後是,「它的歷史是怎樣的」。因此我們發現,按照邏輯順序,我們現在即將開始討論進行思考活動所需要做的準備。

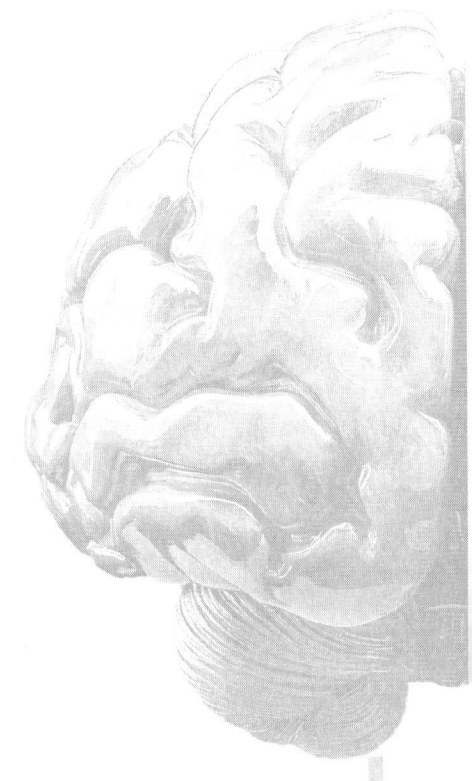

第一章
思考的必要性

每個人都能更好地思考 —— 更好地思考，意味著更優秀 —— 更好地思考的實際應用 —— 普通商業人士對思考基本規則的忽視 —— 思考的工具 —— 一場關於思考的討論的結果

Part 1　探索思考的本質

你或許會問:「作為一名商人為什麼會寫一本關於思考的書呢?」假如你產生了這個疑問,那麼有可能你還會繼續提出一系列相關的問題。「他對這個課題的興趣點在哪,是理論方面的還是實踐方面的?他有什麼資格探討這個課題?我作為一個讀者為什麼應該對分析思考問題感興趣呢?最後,假如我不厭其煩地認真讀了這本書,它又會對我有什麼幫助?」我想我應該在這本書的開頭就試著為你解答這些問題。

首先,為什麼一個商人,或者更具體地來說,我這個商人要去寫一本關於思考的書?通常來說,人們寫書是為了藝術,為了讚美,為了金錢,為了探索他們自己的思想或者傳播某種理念。

我寫這本書主要就是為了傳播理念。這個理念就是:人──所有人──都可以更好地思考,並且因此變得更優秀。我想傳播這樣一種理念本身就能證明寫這本書是無可非議的,這本書關注的主要是關於如何更好地思考的問題。

現在來看第二個假設問題。我對這個課題的興趣點是理論方面的還是實踐方面的?我的答案是:都有。由於我已經在這本書中選擇將自己幾乎完全限制在這個問題的實踐方面,所以關於理論的美學方面,我只是寄望於順便簡要說明──一個被喻為「純粹的心靈之光」的人所能感受到的快樂。我也會簡單地討論思維理論中一些相當有挑戰性的問題。但整體來說,我努力向讀者展示人們閱讀這本書的直接結果是,可以學會更好地思考日常生活中所遇到的問題。讀完這本書之後,你可以透過判

第一章　思考的必要性

斷自己是否會這麼去做來公正地評判這本書的成敗。因為有一點是毫無疑問的，那就是思考和其他所有藝術一樣——你可以得到別人的幫助，但是嚴格來說，除了你自己，誰也不能教會你。無論怎麼去做，真正的藝術都是沒有捷徑可走的；然而，假如回報是豐厚的，再艱辛的付出也是無怨無悔的。我知道那些學會良好思考的人所獲得的回報是最為豐厚的。

接下來，我要談談我自己探討這個課題的資格問題。首先，讓我來說說我有什麼資格說明自己沒有不懂裝懂。很遺憾，我不能問心無愧地把自己描繪成一位偉大的思想家——具備教授思考的藝術的資格，因為他已經掌握了這門藝術。我可能會為自己辯解說，具備教授思考的藝術資格的偉大思想家過去也並不多見，但是我心中還有另一個不同的答案。假如我們堅持要一位偉大的思想家來教導我們思考，那麼我們有兩種選擇：要麼去找那些已故的偉大導師，要麼不知道要等多久才能讓一個現代人（或者將來出現的人）教導我們。難點在於，文明在一定的時期裡取得了如此迅速的進步，但據我所知，在故去的作家中，沒有一個人——不僅如此，甚至都沒有一個小群體——透過閱讀其著作，我們就能很輕易地獲得我們需要的全部內容。或許現在有一位思考藝術家在從事這樣的工作。我不知道有沒有。我只知道並沒有這樣一位在世的導師，而那些逝去的導師需要一個中間人來讓我們理解他們的思想。正是作為這個角色，我致力於向你們論述一些問題。

Part 1　探索思考的本質

　　我已經說過我並不是一位偉大的思想家，而且恐怕我還要進一步剝奪自己的資格，因為我並沒有讀完在我看來我在這本書中試圖論述的問題有關的所有著作。這聽起來令人震驚。假如我既不是一位偉大的思想家，也沒有博覽思考領域的著作，那麼我有什麼資格去告訴別人如何思考呢？

　　儘管我沒有讀完與這個課題密切相關的所有著作，但是我已經讀了其中很多著作──我估計比大多數讀者都要讀得更多。儘管我不是一位偉大的思想家，但是多年以來我一直專注於良好地思考和糟糕地思考這個問題──將其作為一個過程來思考。這就類似於龜兔賽跑那個古老的故事──一個人可能會思考得比他應該做到的更緩慢而且更差勁，慢慢地耗費數年時間去得到值得他珍惜的一部分真理，而且假如他願意還可以分享。因此，我探討這個課題的資格在於我一直刻苦地致力於研究有關思考的問題，而且這麼長的一個時期足以使我勇於相信，我現在在這個領域的知識水準至少是超過常人的；同樣，在有關該問題的線索和語言表達上，在更加快速和可靠的傳達方式上，我或許比別人了解得更多。

　　接下來，你要問的一定是：為什麼會對分析思考問題感興趣？即使我們已經確定了這是一個讓我感興趣的問題，你還是會這麼問。這個問題與最後一個問題，也就是一本關於如何思考的好書可能對你有何幫助這個問題密切相關。假如它能幫助你更好或者更明確地去完成你想要完成的事情，那麼你就不需要

第一章　思考的必要性

更多的理由去如飢似渴地仔細閱讀這本書了。

只有真正地讀過這本書，你才能確切地知道它是否能給予你這樣的幫助。然而，我可以透過我在大約兩年前的一次經歷來向你解釋這個問題。當時我迫切地希望得到一直困擾我的兩個問題的哪怕是不確定的答案──聰明人是否會接受透過學習從而更好地思考這個建議，以及接受了這樣的建議到底有什麼用。

定期與一些高級企業主管會面是我的慣例，他們在商界都肩負著巨大的責任，都是一些才智過人的成功人士，我在上一次會議中聽到過多次討論，有好也有壞。在這個特別會議快要結束時，我說道，我已經在這樣的會議上聽到過太多各種浪費時間的事情，所以我現在願意冒著浪費半個小時的風險，用我自己特有的方式來聊一聊。我接著說，我很有興趣和他們一起來研究一個學術問題，並且建議用學術方式來探討。我告訴他們我希望用一些非學術性而實用性很強的事例來引入這個問題。

「想像一下，」我說道，「和三位公認的橋牌高手坐下來玩一下午橋牌。如果你從來沒有玩過橋牌，不知道規則，不知道叫牌或出牌的訊號，也不知道大家公認的玩法，或許你會小贏兩把，但是在下午結束的時候你多半就是輸家，你們同意我的觀點嗎？」他們欣然同意了。我接著問道：「假如這是一場賭注很大的遊戲，你還要去玩，只能說明你愚蠢到了極點，這一點你們也同意嗎？」他們再次同意了我的觀點。

Part 1　探索思考的本質

「讓我們來舉個類似的例子，」我說道，「你從來沒有打過高爾夫球，但或許會和一位優秀的高爾夫球手打上一局，這是完全有可能的事情。你走到第一個發球臺，卻連高爾夫球桿都不會用，也不知道哪種球桿適合哪種擊球。你盲目地從球桿袋裡取出一根球桿，瞄準了高爾夫球，然後閉著眼睛揮了一桿。讓我們假設一下，睜開眼睛的時候，你看到你的球僮揮舞著手臂大喊著：『一桿進洞！』畢竟怪事也會經常有。但是我認為，我們可以再次達成一致，這種情況你就算再怎麼努力也是毫無希望發生的。無論怎樣，不管你是否在第一次擊球時就能一桿進洞，如果你要和一位專業的高爾夫球手打完一局，你多半會輸掉比賽。或許我們還能進一步達成一致，在這種情況下，如果你針對比賽結果賭一大筆錢的話，也是很不明智的。

我要提示你們，眼下就有一個和我們所設想的情況類似的事情。你們所有人都是位於管理層的商業人士，所以應該這麼說，在某種程度上你們參與一種思考的遊戲，而且坦白來講，你們參與的這種遊戲，正是我所認為的高風險的事情。現在，如果你參與了這種高風險的思考遊戲，我想問你，假設在完全公平的情況下，就像在橋牌玩家公認的規則一樣，這個思考遊戲的規則和慣例又是什麼呢？或者更具體地說，就像高爾夫球手一樣，他的球桿袋裡有哪些不同的球桿？哪種球桿適合哪種擊球？現在我想暫停一下，看看我們大家有誰能指明哪一種思考的工具相當於球桿袋裡作為高爾夫球手行動工具的那些球桿。」

第一章　思考的必要性

很遺憾，當時一種尷尬的沉默久久籠罩在我們中間。「你們現在明白了，」我繼續說道，「我想說的是，對你們這麼唐突地提出我的觀點我很抱歉，但是我想讓你們相信，這種唐突只是一種簡單的表達方式而已，來強調我認為必須強調的觀點。現在我想繼續探究這其中所蘊含的意義，思考是有工具的，但是我們不知道它們到底是什麼。至少我們似乎對它們了解得還不夠，或者沒有充分地意識到它們，所以我們無法闡明。讓我們看看是否能找到解決這個難題的實際辦法。

在我看來，我們所謂的商業思維中有一個由來已久的問題，那就是我們的行為似乎毫無思考的藝術，而這種藝術我們可能會從那些實踐過並曾教授過思考的藝術的人身上學到。這是一個重大錯誤。2,000多年前，有一位名叫亞里斯多德（Aristotle）的人，他是偉大的思想家和導師，曾經提出並教授過思考的藝術的原則，直到今天這些原則和在亞里斯多德生活的年代中一樣，都被視為是正確的和永恆不朽的。或許研究他的某些思想會帶給我們一些幫助。

如果我們正在玩高風險遊戲，那麼在關於思考的這個問題上，還有我們無法忽視的另一層考慮。那就是思考和天性中的其他部分一樣，也是要受到規則約束的。並不是所有的規則都是已知的，也不是所有的規則都毫無例外，但是在大多數情況下規則都是真正存在的，並且你不可能違背了規則而不用承擔後果。違背思考的規則所帶來的後果是你會更容易錯誤地去思考。如果

你按照不符合思考規則的思考結果行事,那麼你採取的行動很可能也是錯誤的。

還有最後一項準備工作,然後我就開始討論我已經做好鋪墊的思考要素。在所謂的應用領域,比如商業領域中,有很多人因為自己是『實作家』,而不是『理論家』,感到十分自豪。我經常聽到這樣的人相當志得意滿地說:『對於理論,我了解得並不太多,但是讓我去完成一項工作我能夠完成。對我來說,理論的用處就不大。』

這樣的說法愚蠢至極。人們在商海中有成功也有失敗,在生活中要面對生老病死,這些都是由很多理論所決定的,無論人們是否在名義上承認這些理論。然而有一種方法可以幫到我們,那就是藝術和科學的應用層面與理論層面從原理上來講是截然不同的。在理論上存在的藝術中,可能會出現有一個好理論但是『行不通』這種事情。例如,在形而上學領域中,根本不存在所謂『行得通』的理論,所以這樣的檢驗方法在這裡就不適用。在這個領域中保留下來的某種理論或者結論,據說是好是壞要根據其是否透過一致認可的推理過程來得出,是否所有適用的推理類型都已經演繹,以及該理論所依據的資訊是否精確而全面。而另一方面,在應用領域,比如商業領域中,嚴格來講,是沒有一個好理論但是『行不通』這種事情的。如果是一個好理論,它就行得通,反之,一個行不通的理論就是糟糕的理論。儘管可能會有一些技術例外,但是我認為這基本上是一個

第一章　思考的必要性

公平合理的說法。

　　最後，我們來談談思考工具的問題。最簡單也是最原始的思考工具被希臘人稱為『類推』。它是一種從特殊到特殊的推理過程。我來舉例說明。如果你手下的一個採購員請你授權讓他下一個很大的訂單，比如說 10 萬美元的訂單。這時你回想起大約三年前的一次經歷，也有個採購員向你提出類似的請求。當時你研究了一下情況，確信下這個訂單是明智的，於是授權給他，後來證明你的決定是合理的並且可以盈利。這一次你詢問了採購員之後，決定在與三年前那個訂單的情況大致相同的條件下可以進行這次採購，而不同之處在你看來似乎並不重要。於是你授權下單。你透過運用類推法得出結論並給予了答覆。

　　這個過程毫無問題。這是所有思考的基礎，當我提到類推是最簡單而且最原始的思考工具時，絕不是要暗示類推是不盡如人意或者不可靠的，也沒有任何理由要去避免使用它。我只是在暗示那些思考能力最為有限的人，即使他們使用的是別的什麼罕見的思考方法，只要他們是理性人，就幾乎不可避免地會廣泛使用類推法。

　　下一個思考工具被希臘人稱為『演繹』。這是一種從一般到特殊的推理過程。還是讓我以你們的工作來舉例說明。如果一個採購員來找你說，街對面的那個商店把某種商品的價格下調到了 2.5 美元，而這種商品你定的售價是 2.95 美元。你庫存的這種商品和那家商店裡的並不是一模一樣，不過二者是等價

017

的。採購員問你，他應該怎麼辦？你想起你們商店有一個通用的策略或規則，那就是要做到完全一樣或者等價的商品不會被競爭對手以更低的價格出售。從這條一般規則推理到你面對的這個特定問題，你告訴他趕緊回去把這個商品的售價改為 2.5 美元，這個採購員和你一樣也了解這條規則，但是為什麼他首先要來問你呢？在這個例子中，你透過演繹法得出了結論。

然後我們來看看第三個思考規則或者思考工具，希臘人稱為『歸納』。這是一種從特殊到一般的推理過程。它是思維過程中最富有創造力也最卓有成效的一種。它是一種創造新的結論的方式。這也是我們談到的三個思考工具中最難使用的。

現在我們作為商業人士去了解我剛才所提到的三個稱謂或者它們所代表的思考過程毫無優勢可言，如果不知道這些，我們就總是憑著直覺去為各種問題找到合適的思考工具，但前提是我們充分並均衡地使用這三種思考工具。問題是我們並沒有做到。我透過觀察發現，在這三種思考工具中商業人士使用最少的一種就是歸納，它最有難度，但同時它也是球桿袋裡三根高爾夫球桿中最有用的那一根，而且我認為這是很有根據的。我想提醒大家，如果能更加充分地意識到球桿袋裡有三根高爾夫球桿這個事實，也許就會更清楚地了解到，我們對非常有用的第三根球桿的使用是何其少見。這樣的意識可以引導我們更頻繁且更堅定地努力使用第三種思考工具，也可以引導我們透過不斷地嘗試和實踐從而更熟練地使用它。

第一章　思考的必要性

　　我想將這個學術課題盡可能地貼近你們的日常工作。你們很快就要面對一個非常實際的問題，這個問題每年你們都會面對，那就是如何在 7 月這個通常業績不佳的月分中獲得更大的銷售額。我建議你們在這個問題上使用歸納法，看看是否能透過發現一些有用的新的結論，從而建立起一些關於在 7 月獲得額外業務的現實的並且實用的新想法。我想留給你們的問題是：什麼樣的思考，而且是前所未有的思考，可能會導致客戶在 7 月購買的商品比以前更多呢？如果不能說服客戶增加 7 月的採購總量，那麼如何至少說服他們在你的商店裡盡可能地購買商品呢？當然，這個問題只是最初那個問題──如何在 7 月獲得更大的銷售額的展開，讓我們來看看這個問題的展開，與特意地運用歸納法結合在一起，是否能幫助我們發現一些新的線索。」這次的會議就到此結束了。

　　這次會議還有兩次後續會議，都很重要，構成了整個事情的關鍵。第一次後續會議是關於參會者對我所說的話做出的反應。我後來了解到，當時參加會議的大約有 12 人，其中有兩位對此感到非常厭惡，他們認為自己的思考能力遭到了侮辱。我還發現他們對商務會議中任何這種學術性的干擾都很厭惡。出於某些不可思議的原因，他們似乎將商務會議上的理論思辨在某種程度上看作是對他們個人的侮辱。出於個人原因，他們也反對把寶貴的時間浪費在對他們來說似乎只不過是大學二年級課堂上的廢話上面。

Part 1　探索思考的本質

　　與會人員中還有兩三個人對這次討論漠不關心。他們並沒有特別反對那些想要從中獲得益處的人，但對他們自己而言，這樣的討論絲毫沒有用處。

　　剩下的七八個人確實很感興趣。他們相信，如果提高了抽象思考的品質，那麼他們就可以期待更堅定並且更實際地完成工作目標。他們之中的大多數人想得更長遠，並表示相信更好地思考會在其他方面也幫助到他們——會使他們成為更優秀的人，而不僅僅是更優秀的商業人士。這是非常振奮人心的事情。這七八個人中的四五個人告訴我，他們希望知道更多關於這種商業思考的知識——他們該如何去做？我告訴他們這是一件困難的事情，但是值得去做，而且如果他們是認真的，我會給出書單讓他們去閱讀，他們要是願意，我還可以幫他們講解這些書。我們意氣相投，在我的眼中，他們已經成為更加敏銳的思考者了。

　　這次會議另一個重要的後續會議與這些公司高級主管用歸納法這一個新方式去發掘7月業務所採取的直接行動有關。他們與自己的助手開會商討，向助手解釋他們想做什麼以及打算如何去做，和我向他們解釋那樣差不多。他們產生了新的興趣和興奮點，但是，真正至關重要的是他們產生了新的答案。並沒有什麼驚天動地的事情，也沒有什麼能使他們在7月的銷售額翻了三倍，但至少新的答案使他們的業務計畫相比過去幾年明顯擴大了，而且對效益產生了明顯影響。你明白我的意思了。有一群人在僅僅接觸了一次關於思考的不同理念——而且只是一

第一章　思考的必要性

次不完整、倉促也很不專業的闡述之後──就能夠產生興趣，因為興趣而行動，並且卓有成效地行動。這就是為什麼我認為整本書提出了一個可以創造奇蹟的觀點，即便這是一本不夠完美而且不夠完整的書。

Part 1　探索思考的本質

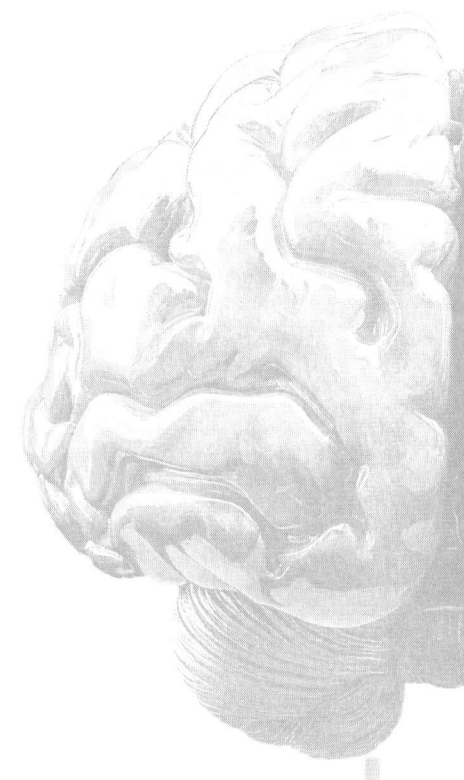

第二章
剖析思考的定義

思考是將經驗整理成模式的過程 —— 有三種主要模式：類推、演繹和歸納 —— 思維的三個層次：無意識、前意識和意識 —— 它們各自在實用性思考中所扮演的角色 —— 直覺 —— 推理 —— 思考與欲望和行動有關 ——「參考系統」—— 對思考的批判

Part 1　探索思考的本質

　　如果你現在已經同意和我一起探討如何思考，或者換一個更合適的標題：如何更好地思考，那麼接下來的課題從邏輯上看似乎要談論到底什麼是思考。我們想要學著做到所謂更好地思考究竟該怎麼做呢？我們不妨果斷地去面對這樣一個事實，正確定義思考的過程長久以來就是一個棘手並且微妙的問題。讓我們暫且把這個問題的微妙之處留給經院學者和語言專家，然後大膽地指出所謂思考的過程就是將經驗整理成模式的過程。類推、演繹和歸納，我們在上一章中描述過這幾種思考工具，將其稱為思考的模式同樣也是正確的。你可以想像一下，有一袋玻璃球，大小不一，有紅色、綠色和藍色的。首先，讓我們假設你想找到分類整理這些玻璃球的所有方法。你會有各式各樣的選擇。你可以說所有玻璃球都是類似的，因為它們都是圓的，而且都是玻璃球。或者你可以說所有的紅色玻璃球都是類似的，綠色和藍色的也一樣；又或者你可以說大的玻璃球是相似的一類，小的玻璃球是相似的一類……這樣就會窮舉出這個特定袋子中的玻璃球比較明顯的分類的可能性。從這個例子中可以看出，類推與相似性和差異性有關，而類推模式的使用方法是由你選擇作為管理對象的那些相似和不同的元素預先決定的。

　　如果你想歸納這些玻璃球，透過稱重少數幾個玻璃球，你就會發現，大一些的玻璃球總是比小的玻璃球重。你可能會得出一個概括性的結論或者歸納，那就是所有類似材質的較大的

第二章　剖析思考的定義

玻璃球始終都要比較小的玻璃球更重。

如果有人再遞給你一大一小兩個玻璃球，那麼你就能透過演繹法推斷出較小的玻璃球一定比較大的更輕，而不用將玻璃球稱重。

在這三個例子中，你可以看到對目前為止所提到的三種思考工具的使用。透過將一段特定的經驗整理成模式，也就是上文所提到的分類整理一袋玻璃球，其結論應該是這樣的：思考就是將經驗整理成模式的過程。然而，和大多數歸納一樣，這也是一種對實際發生的過程的過度簡化，能讓我們深入了解思考過程的基本性質，但是除此之外的情況都是不能成立的。如果你和醫生或者心理學家去談論思考的本質，你可能會得到一個更專業、更複雜的解釋，不過這會令你更難理解。如果你和哲學家去談論思考的本質，你同樣會得到一個更專業、更複雜的解釋，而且這種解釋可能還是會難以理解。如果你和街上的普通人去談論思考的本質，你會得到一個不那麼複雜和缺乏專業性的解釋，但他們的觀點卻是完全無法理解的。在定義思考行為的過程中，你面臨著這種無法使人滿意的選擇範圍，不管怎麼說，你現在最好接受我所提出的解釋，但是保留你自己優化和擴大這個定義的權利，就像我所指出的學術問題，你關於這些問題的知識範圍也在擴大。

對佛洛伊德這樣的心理學家而言，思考發生在無意識層面、前意識層面和意識層面。然而根據我們的目的，我們將僅僅討論

Part 1　探索思考的本質

發生在意識層面和潛意識[01]層面的思考。潛意識層面的思考可以描述為一種本能的、難以言喻的或者被稱為「第六感」的思考行為。相比之下，意識層面的思考可以描述為一種能被系統闡述而且合乎邏輯的思考行為。有效的意識層面思考主要取決於兩個因素：一個是我們稱為「語言」的符號體系；另一個是我們的頭腦具備的能儲存並回想起來過去那些具有象徵意義的經歷的能力。

我們將在之後關於語義學的章節中進一步討論這個問題。潛意識的思考，也就是所謂的直覺，被希臘人稱為「理性」，他們認為這是原始的、基礎的思考過程。作為起源，潛意識思考孕育了所有已知的推理方法；所有有用的發現和發明；藝術家們所有使人陶醉的想像以及科學家們所有具有實用性的成果。基於這一點，我們可以確定，潛意識層面的直覺過程與意識層面邏輯清晰的推理過程相比，在實踐中至少有兩個優勢：直覺總是比推理更快；它可以（從理論上來說）解決任何推理可以解決的問題，而且還能解決一些明顯不能用推理來解決的問題。當然我們也要公正地指出，推理也具有其自身的優勢。它具有三個優勢：首先，推理是一種允許你在行動之前檢查某個決定是否有效的過程。其次，推理過程是可以傳遞的，因此可以教授，而直覺則不能。一個人可以告訴另一個人他是如何在意識層面上得出一個結論，而他卻不能解釋他是如何在潛意識層面

---

[01] 佛洛伊德認為，潛意識包括了前意識和無意識。──譯者注

第二章　剖析思考的定義

上得出一個直覺性的結論，除非他隨後就能將直覺思考提升到意識層面，但是這樣做的時候直覺就變成推理了。

我希望將這一點徹底闡述清楚。比如說，你是一位外科醫生，你的朋友帶著他正在上大學三年級的兒子來見你。這個男孩正在考慮從醫，他想知道你在他這個年紀的時候是如何決定從醫的。如果你對這個孩子說：「我有一種直覺，從醫會吸引我」，或者說，「我有預感我能成為一位很好的醫生」，那麼你真沒有幫上他什麼忙。如果他想完全依靠直覺，他也可以對自己的事業同樣做出很好的決定，而不需要去詢問你做決定的最初想法。他想知道的是你在他這個年紀如何推斷出當時的決定，除非你能在腦海中回憶起那個時候的想法，將你最初的潛意識層面的直覺提升到意識層面邏輯清晰的推理步驟，否則你的經驗價值是無法傳達的，所以你也沒有什麼東西可以教這個向你求助的年輕人。

推理還有第三個優勢：在很多情況下，推理比直覺更可靠。這裡有一個很明顯的例子。如果讓你做一道數學題，645,792 除以 3472，你或許可以透過直覺得到正確答案，但是假如你碰巧很熟悉長除法的解題過程，這個解題過程是一種推理形式，你透過運用長除法的解題過程得到了答案，那麼顯然你得到的數字很可能比你從潛意識中得到的任何答案都更要可靠。

讓我們把注意力轉移到與思考相關的另外兩種人類活動形式的關係的問題上。我們正在研究什麼是思考，而理解一項

活動的有效方法之一就是研究這項活動與類似活動之間的本質關係。三種主要的生命活動可以說是：欲望、思考和行動。從某些方面來講，思考是這三種活動的主導。思考並不能完全支配欲望，因為欲望是由另外兩種力量形成的，只是部分受制於思考的影響。形成欲望的兩種力量之一是人類作為動物的生物性、生理本能以及先天反應的集合，另外一種力量是環境。對此，我向你們推薦一本很薄但是引人入勝的書——亞里斯多德所著的《尼各馬可倫理學》。這是一本關於無處不在的人類行為的著作，闡述了一種理解深刻而且跟得上時代的哲學思維。

行為可以從美德的角度來考慮。柏拉圖（Plato）在《普羅塔戈拉》一書中將美德列為五種——智慧、勇氣、正義、節制和聖潔。而亞里斯多德對這種不完全的分析感到不滿，他將美德定義為個人品格的一種狀態，是一個始終介於兩個極端之間的平均值。他將美德分為兩種——一種是倫理美德，與正確的欲望有關，要透過習慣和反覆實踐來獲得；另一種是理智美德，與正確的思考有關，要透過教導和理解以及實踐來獲得。亞里斯多德提出的倫理美德包括謹慎、勇氣、正義和節制，還有慷慨、寬容、自尊、志氣、平和、友善、誠實、智慧以及適當的羞恥之心。前四個被認為是主要的倫理美德。《尼各馬可倫理學》一書中所描述的理智美德只有五種：科學、藝術、實用智慧、直覺理性以及哲學智慧。亞里斯多德認為哲學智慧是人類最需要的，在這一點上他同意柏拉圖和蘇格拉底（Socrates）二

第二章　剖析思考的定義

人的觀點。亞里斯多德在他的著作中不僅指出了這些品格是美德，而且闡明了它們為什麼是美德以及如何獲得。儘管他沒有說的那麼明確，但我們可以從他的著作中推斷，或者我們也可以根據具體情況獨立得出結論：假如一個人被迫在倫理美德和理智美德之間做出選擇，他可能不得不優先選擇擁有倫理美德；假如一個人的欲望是錯誤的，而他所思考的是為了更好地獲得這些錯誤的東西，那麼善於思考就沒有什麼好處了。（哲學智慧當然會把任何這樣的選擇排除在外，因為擁有哲學智慧就意味著擁有了其他所有美德。）

思考活動的另一種形式就是行為活動。即使一個人的欲望是正確的，他也能用正確的思考方式去得到它們，但如果他不能有效地行動，那麼之前的一切都將以失敗告終。當我說思考是主導的時候，並不是說它完全主導著這三種活動，我的意思是說在全部的生命活動中，三種活動的每一種都發揮著其自身必要的功能，而良好地思考一方面能帶來更好的欲望，另一方面也會帶來更好的行動。

透過適當地去考慮什麼是思考，還可以發現另一個有益的區別。心理學家發明了一個很有用的短語：「參考系統」。透過「參考系統」，他們能夠表達關於你所涉及的任何特定陳述的整體經驗。在思考活動的整個領域中，可能有三個參考系統。第一個是宗教參考系統，由那些基於信仰的自願行為組成，這些行為被個人認為是適合去做的。這並不是說宗教和理性本身是

029

Part 1　探索思考的本質

互相對立的,也不是說宗教的約束條款一定會包括對一些與理性相違背的事物的信仰。關鍵在於,任何宗教行為都不需要用一個被理性行為驗證無誤的思想來支撐,而且恰好相反,任何理性行為都不會對一個透過宗教行為刻意保持的信仰構成真正的挑戰。因此,宗教參考系統可以說與另兩個參考系統之間僅僅是稍有連繫而已。自願的宗教行為不會受制於任何法律或者理性行為,也不能因為任何理由而受到質疑。

第二個參考系統是科學參考系統。那些被個人知曉,或者可以被知曉的所謂的事實,是指隨著人類和文明的發展成熟,逐步費力地集中在一起的聚沙成塔的事實寶庫。

第三個參考系統是哲學參考系統,所涉及的事情既不是關於信仰行為的,也與知識無關,它超出了已知範圍,但並非超越所有的認知。所有我該問的和不該問的倫理問題;所有關於存在和發展的形而上學的問題,以及物質、本質和什麼是真理;我知道什麼和我真正了解自己知道的是什麼等等,所有這些認識論的問題,都屬於第三個參考系統。

再強調一遍,除非你知道如何去使用這三個參考系統,否則知道它們之間的區別是毫無用處的。它們的用處各不相同,各有各的特點。如前文所述,你從來沒有真正地質疑過宗教的約束條款,你只是簡單地想要了解它們與生存、思考以及行為之間的關係。如果你具備這樣的能力,能夠依據某些明確的科學慣例來證明任何有爭議的命題,那麼你可以僅僅為了滿足你

第二章　剖析思考的定義

自己而去質疑在科學參考系統中的知識。

根據哲學參考系統，你可能會提出四種質疑，莫蒂默‧傑爾姆‧阿德勒（Mortimer J.Adler）在他的著作《如何閱讀一本書》中有很好的闡述。如果你理解了（而且只有當你理解）這個將要討論的命題時，你可能會根據阿德勒博士所提出的四種質疑方式中的一種來提問，而且只會在這四種方式的範圍之內。你可能會提出這四種質疑：你的資訊是不完整的；你的資訊是不正確的；你的分析是不正確的；你的分析是不完整的。這讓我想起了我的一個朋友最喜歡的一句話，意思是你不能透過懷疑對手的出身來理所當然地贏得一場辯論。

如果能正確理解思考領域中這些區別，那麼很多令人乏味而且毫無益處的爭論就有可能不復存在。尤其是第一條規則，即如果你並不理解一個命題，那麼你就沒有資格去反對或者批評它。假設一下，如果欲望和思考之間的區別，或者簡單地轉變一下說法，感覺和思考之間的區別，同樣也能被好好地理解，那麼無數毫無意義的爭論應該也會煙消雲散。我認為透過這些發現我們已經充分地研究了什麼是思考的問題，可以繼續討論下一個話題了。

Part 1　探索思考的本質

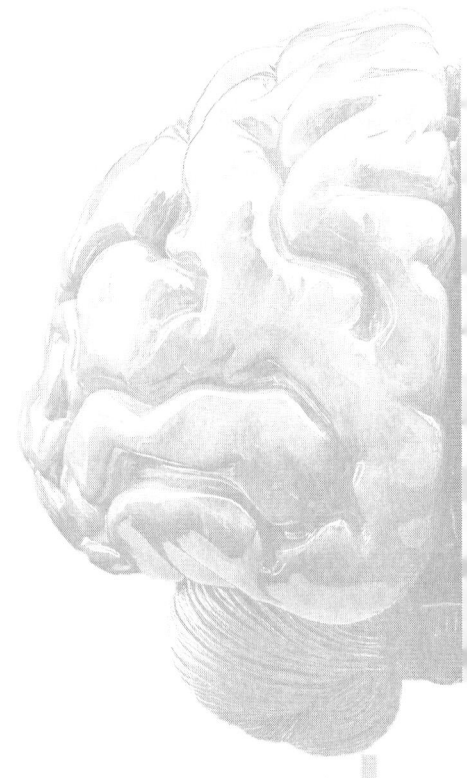

第三章
思考歷史中的重要啟示

蘇格拉底 ── 柏拉圖 ── 亞里斯多德 ── 亞里斯多德與三段論 ── 多瑪斯‧阿奎那 ── 棋逢對手的邏輯學家之戰 ── 立場衝突的調和

Part 1　探索思考的本質

　　我們已經為對思考感興趣奠定了一定的基礎，還對「思考過程到底是什麼」這個問題展開了研究。接下來，我們應該關注思考是否有它自己的歷史，如果有，又是什麼樣的歷史。

　　人們已經注意到，在過去的兩千年或者更長的時間裡，人類生存活動的基本階段並沒有完全被忽視，事實上過去有很多偉大的思想家對此都進行了一些值得注意的觀察。我們暫且讓思緒回到西元前5世紀那個神話般的希臘黃金時代。在那個時期，哲學真正地誕生了，並且蓬勃發展。思考非常重要，思考的方式同樣如此。

　　早期的希臘人追求完美，不管手頭上的事情是一場競走比賽，或是修建一個新建築物的裝飾雕刻帶，又或者是比較兩種思考方式來發現其中哪一種更好。希臘人做所有這些事情的方式都是嚴肅的，而且只有完美才是可以被完全接受的。讓我們來澄清兩件事情。我所說的這些早期的希臘人，嚴格來講，是指古老而神奇的希臘文明在後期厚積薄發開出的文明之花。不過，他們對完美的不懈追求並沒有帶來實質性的發現，但確實很接近找到實質性發現的方法，據我所知，這樣的成就是前無古人後無來者的。

　　在哲學領域，特定環境特別有利於驚人的發展。希臘人思想中不安的躁動始終傾向於努力戰勝未知，思辨帶給他們的快樂，以及他們與生俱來的耀眼的智慧，這些都是構成他們哲學成就的一部分。在那個時期，偉大的思想家周圍湧現出了很多

第三章 思考歷史中的重要啟示

所謂的學校,不管是因為運氣好還是管理得好,進出學校的人們無論老少,都是渴望智慧和真理的人。當你進一步補充說明某些公民領袖慷慨贊助這些學校、滿足學校研究和物質上的需求時,你會發現學校似乎是可以培育出最好的哲學成果的完美土壤。在湧現出一長串較為次要的人物之後,我們滿懷欣喜地等到了那個善良、醜陋而又充滿智慧的人,他就是蘇格拉底。他當之無愧地被認為是許多優秀的辯證法之父,而且僅憑這一點,我們就必須永遠對他感激不盡。他相信辯證法在良好的交談中可以留給人一種不那麼矯揉造作的印象。他相信辯證法是因為辯證法本身。蘇格拉底實踐辯證法,提倡辯證法,同時在他溫和的引導之下,辯證法成長起來,變得興盛,而且達到了最高水準。他知道世界上最值得追求的目標就是真理,他也相信在追求真理的過程中會產生智慧。當然,他從來沒有真正想過要找到真理,但是他教導學生們,如果他們知道真理是存在的,儘管他們還沒有掌握真理,那也應該已經是朝著真理的方向邁出了堅定的一步,另外,或許也獲得了智慧。

蘇格拉底的傳記是一部特別致力於勾勒出他的精神和學說的著作,是由他最優秀的學生柏拉圖所著的。如果你碰巧還不熟悉這位天才學生為他的導師所編撰的極具啟發性的傳記,我希望你不要再遲疑,應該立刻去感受這本書帶給你的快樂。關於蘇格拉底的書都是柏拉圖所著,這一點令人非常遺憾,其他人所著的關於柏拉圖的書同樣如此;因為不去細細品味本人的

035

原著，就不可能真正理解他的思想，或許也有很多人在讀這樣的著作時會有所感悟，但轉述的著作可能是最差勁的。

這個偉大的「思想三重奏」中的第三個人是亞里斯多德，在我看來，他是最偉大的一位，他繼承了前人的知識，並將其轉化成了更偉大的東西。亞里斯多德在分析上擁有卓越的天分，而且最複雜和最混亂的東西在他神奇的整理之下也會變成具體化而有意義的形式。他的研究領域囊括了哲學的所有範圍，並將其劃分為邏輯、道德、科學和美學四個領域。他分類和細化了每一個主題，為子孫後代描繪出一個如此清晰和完整的知識圖譜，在大多數情況下，人們只需要在他勾勒出的具有說服力而不可推翻的知識圖譜上填滿細節就可以了。

亞里斯多德體系的基石是他的邏輯學。作為一個希臘人，他所關注的是做事情的方式，他這樣說道，如果你能找到正確的思考方式，那麼你就能正確地思考關於倫理、科學和美學的問題。亞里斯多德的思考體系承認三種思考形式——直覺、形式邏輯以及能進行必要的有效推理的科學，而其他那些有用但推理不那麼令人信服的思考形式，後來的數學家們藉助機率論進行了探究。亞里斯多德大部分的著作都與形式邏輯有關，為此，他完成了他的傑作，也是有史以來最偉大的發現之一——三段論。三段論的體系是由一套正規的方式所組成的，憑藉這個體系，假如一個人知道某一事物是怎樣的，那麼他就能推斷出其他某些特定事物的必然性。

第三章　思考歷史中的重要啟示

　　我想提醒大家注意，三段論的科學之處在於其本身就是一種研究。我想要指出的是三段論就是所謂的「假如……那麼……」這種推理形式最初的框架。亞里斯多德清晰而精確地指出什麼樣的前提可以合理地推斷出什麼樣的結論。由特定的前提和特定的中項是不可能推斷出任何一般性結論的。你也不可能由否定的前提和否定的中項推斷出肯定的結論……諸如此類的情況不勝枚舉。亞里斯多德列舉出了形式推理中的 11 種謬誤。其中有 4 種被稱為「形式謬誤」；也就是說，不管推理的論題是什麼，只要存在一個形式謬誤，那麼這個推理就是沒有必要或者沒有根據的。他又進一步列舉出了 7 種實質謬誤：也就是說，這樣的謬誤與推理的論題本身有關。在亞里斯多德最初列舉的實質謬誤中，諸如「不根據前提的推理」和「竊取論題」這樣耳熟能詳的表述都是被包含其中的。

　　我再一次提醒大家注意，去了解亞里斯多德關於三段論發展的規則或者可能存在 11 種謬誤的事實，並沒有任何固有利益。了解這些的唯一好處是在你的日常生活和思考中，你可以感受到避免一些嚴重錯誤所帶來的滿足感和益處，因為如果你不知道這些規則的存在，那麼就會因為違背這些規則而出現嚴重錯誤。如果你對這些規則一無所知，甚至連聽都沒聽過「三段論」這個詞，但是你可以做到始終如一地推理恰當並且避免這些錯誤，那麼毫無疑問，嘗試去熟悉這些東西完全就是浪費你的時間。然而事實上，即使你知道這些規則，要做到好好思考並

Part 1　探索思考的本質

且避免錯誤依然是十分困難的事情。我應該這麼說，根據我自己的觀察來判斷，當你不知道這些規則的時候，這簡直是不可能做到的事情。

我承認提出這樣的說法會讓人不舒服，從表面上看，一個過於複雜和嚴密的邏輯系統，無法用寥寥數語進行描述，甚至連加以適當的簡短提示都無法做到。但是在這本書的開頭部分，我想盡可能避開思考這個課題學術方面的內容，並且基本上緊貼聰明的非專業人士可能期望透過日常閱讀就能獲得益處的那些實用的內容。

在漫長的歲月裡，亞里斯多德一直以來都有一群追隨者、解釋者和曲解者，包括近現代的注釋者。然而直到自他所在的時代向後推移大約16個世紀，來到西元12世紀時，我們才在思考的國度中找到另外一位巨人。在那個時代，中世紀的神職人員和學者在陡峭的岩石上鑿刻了諸如「一個大頭針帽上可以容納多少位天使在上面跳舞？」這樣深刻的問題。當然，真正的衝突源於對宗教參考系統和哲學參考系統二者之間關係的誤解；而虔誠的基督教徒則因為無力解決例如自由選擇問題這樣的兩難困境而深感不安。

多瑪斯‧阿奎那（Thomas Aquinas）是一位偉大的神學家，同時也是一位偉大的哲學家，他撰寫了《神學大全》，並且出色地解決了那些兩難困境。從那時候直到現在，哲學之河湧動得更加緩慢，但依然穩步向前，特別是在法國、德國和英國。關

第三章　思考歷史中的重要啟示

於思考有了很好的思路,也有優秀的文章將其記錄了下來。然而在過去這150年裡,哲學之河再次變得渾濁起來。科學家和哲學家之間發生了毫無必要而且基本上沒有任何意義的爭鬥。因為科學家對哲學誇誇其談,而哲學家對科學家則極其傲慢無禮,他們親手將自己的名望變得毫無意義。心理學作為一門新的科學興起了。物理學則逐漸變為一個「非牛頓領域」。數學以飛快的步伐發展到了超越歐幾里得(Euclid)的更高階段。甚至連形式邏輯也走向岔道,成了非亞里斯多德的方式。這些在舊日如同神祇一般的存在,據說都有致命的缺陷,而一種毫無秩序的混亂狀態山雨欲來。我們今天的處境或多或少就是那個狀況,邏輯學學派、心理學學派、符號邏輯學學派、改良亞里斯多德學派以及非亞里斯多德學派等諸多學派百家爭鳴。毫無疑問,沒有這些表面上混亂不堪的各種主張和與之對立的主張,會再次合理地建立起來一些讓人可以接受的表面秩序嗎?

我現在已經是第二次跑題了,因為我向你們描述的內容是自己所感興趣的學術問題的一部分。而實際的應用是這樣的:社會和科學的變化表明,我們思考體系擴展中產生的一些值得期待的東西,超出了亞里斯多德建立的經典的並且基本上仍然可靠的思考體系的範圍。在那些新的邏輯體系中,沒有哪一個不是原本就暗含在亞里斯多德的體系之內的。這些新的邏輯體系都是由各自的首創者明確創立而成的,但是它們與亞里斯多德的原型體系之間的關係和它們自身彼此之間的關係並沒有被

Part 1　探索思考的本質

清楚而有效地闡明。

我相信，更好地思考能夠在一定程度上透過對經典體系的理解以及對各種新體系與舊體系之間關係的理解來獲得。對你而言，這聽起來可能比我所設想的更加令你望而生畏而且不著邊際，也更加令人費解。這也將是我寫作這本書中題為「思考的藝術」的第二部分的目的所在，簡單來說，我希望迅速運用一些思考的規則，從而使囊括所有不同體系的通盤考慮變為可能。

在結束這一章之前，我想告訴你一些新體系及其首創者的名字，因此，如果好奇心驅使你去尋找原始資料，我希望你的好奇心現在就發揮作用，然後你就可以判斷這些不同體系的重要性，並建立屬於你自己的各體系之間關係的秩序。經典邏輯學由亞里斯多德開創。改良經典邏輯學擁有相當多的現代文獻和著作，其中約翰‧克里斯多福‧弗里德里希‧馮‧席勒（Friedrich Schiller）所著的《普通邏輯學》和《實用邏輯學》這兩本著作堪稱典範，阿爾弗雷德‧西奇威克（Alfred Sidgwick）所著的《應用邏輯學》是另一本典範。符號邏輯學是一種數理邏輯的簡略表達，伯特蘭‧羅素（Bertrand Russell）所著的《數學原則》；阿佛列‧諾思‧懷海德（Alfred North Whitehead）和伯特蘭‧羅素合著的《數學原理》以及喬治‧布爾（George Boole）所著的《思維規律的研究》這幾本著作都是符號邏輯學很好的代表作。語義學所關注的是語言作為符號的本質，波蘭數學家、心理學家柯日布斯基（Korzybski）伯爵所著的《科學和理智》，

第三章 思考歷史中的重要啟示

以及兩位英國學者奧格登（Ogden）和理查茲（Richards）合著的《意義的意義》是語義學的代表作。閱讀斯圖爾特・蔡斯（Stuart Chase）所著的《語言的暴政》一書，就可以了解到一種關於語義學論題的簡單解釋。博戈斯洛夫斯基（Boguslawski）所著的《辯論技巧》一書好好地描述了連續統一體。除了這些之外，還有數學家研究機率邏輯學的著作，如果只選一本書作為代表，約翰・梅納德・凱因斯（John Maynard Keynes）在他所著的《機率論》一書中研究機率邏輯學。另外，作為額外的補充，我推薦的是莫蒂默・阿德勒的著作。他所著的《辯證法》是我所知道的自蘇格拉底以來，關於辯證法這個主題的第一個真正算是過得去的研究。如果你打算認真著手研究這些著作中的任何一本，那麼你最好從閱讀莫蒂默・阿德勒的著作《如何閱讀一本書》開始。即使你僅僅讀了這一本書就沒有再繼續閱讀介紹給你的這個書單上的書，你也會讓自己汲取一些最優秀的精神糧食。

這是一個相當令人生畏的書單，但這仍然只是關於這些主題汗牛充棟的文獻著作中微不足道的一部分。學海無涯而時光易逝，假如你能找到其他人來幫你讀這些書，並且從他們那裡合理而可靠地提煉出那些對你而言能立即運用的部分，那麼你會錯過一些樂趣，但是可以獲得一些時間。至少我是這麼想的。

Part 1　探索思考的本質

# 第四章
思考的可能性

思考受限於個人的經驗 —— 獲得任何一個命題的所有資料都是不可能的 —— 基於不完整的資訊做出決定的藝術 —— 完善經驗的重要性

Part 1　探索思考的本質

在尋求更好地思考的過程中,到目前為止,我們都遵循著詳察這個優良的傳統 ——「為什麼我們應該對這個課題感興趣」,接著是「主題是什麼」,然後是「它的歷史是怎樣的」。因此我們發現按照邏輯順序,我們現在即將開始討論進行思考活動所需要做的準備。思考活動可以基於任何已經存在於經驗範圍之內的東西。除此之外,不能基於任何別的東西。當「經驗」這個詞用於這一層意義上時,它不僅包括個人的直接經驗,而且還將透過文學、繪畫或者電影這樣的平面藝術,以及透過交談、演講或者無線電廣播這樣的聽覺藝術所獲得的間接經驗包括在內,確切地說,包括透過任何可以被人記在腦海中的感官印象表現形式所獲得的經驗。理解「思考只能基於經驗」這一個命題的意義是非常重要的。

除非某個符號在某個時間以某種方式已經進入了你的經驗範圍,否則你就無法思考這個符號的用法。在發現美洲之前,歐洲人是不可能思考美洲的。他們可能思考過,並且事實上確實思考過海洋之外存在陸地的可能性;但是很明顯,他們所思考的是這些陸地是否可能和他們所知道的陸地相似。也就是說,他們思考的是他們所知道的陸地以及海洋之外的陸地上可能存在怎樣的變化。因此,嚴格來說,他們是根據自己的陸地在思考,所以他們思考的是自己的陸地,而不是美洲。

回到我們當前的主題,如果你從來沒聽說過三段論,那麼你就無法思考三段論。你可能會思考屬於你自己的與三段論類似的

第四章　思考的可能性

東西，或者部分與三段論類似的東西，然而這與你思考三段論根本不是一回事。現在我希望我已經成功地說明了這一點，除非在某種程度上你能思考三段論，否則對於思考這一個主題你就不能非常聰明地去思考，所以你的經驗範圍問題成了你的思考範圍的決定性因素之一。

如果你沿著這條推理的路線一直走到它邏輯上的終極，你會不可避免地得出一個非常令人沮喪的結論——這也是我很久以前得出的一個結論。那就是，無論你多麼有決心而且幹勁十足地規劃你的經歷，豐富你的交際，而且盡量消除你的無知區域，那些沒有被你消除的無知區域還是一片漆黑，還是如此之大，以致於你很可能永遠都不會掌握關於任何一個問題的所有相關資訊。這意味著無論你的思考可以達到什麼樣的水準，你還是會永遠處於危險的境地，幾乎可以肯定的是，在你深思熟慮時，至少有某一個應該可以幫助你找到解決方案的真正重要的因素被你遺漏了，而且很可能遠遠不止一個。這並非毫無可能，而是一個駭人聽聞的事實。當你開始花力氣試著提高思考的水準之前，你就知道可以用來鍛鍊思考的東西是如此令人絕望的少之又少，這一點大有可能導致你再次懷疑為什麼要這麼做。

那麼我來告訴你我所認為的答案是什麼。生活的藝術本質就是在資訊不全的情況下做決定。無論你喜歡與否，僅僅是為了使生活繼續，你都不得不做出各種決定。無論你喜歡與否，

Part 1　探索思考的本質

你都不得不在資訊不全的情況下做出這些決定。我的腦海中一直縈繞著一個想法,那就是在你必須做出決定的時候,資訊越是不全,你就越有必要基於這些不完全的資訊發揮你的思考能力,這是可能存在的最佳解決方案。

無處不在的不確定性中存在一種安慰,也正是這種安慰支持著這麼多人繼續前行,使這麼多企業在業界發展,使這麼多教育機構盡職盡責地致力於教書育人的事業,儘管一輪又一輪的教育工作讓他們感到疲倦。這種安慰是,正如你自己所掌握的資訊完全不足以解決你所面臨的問題一樣,其他所有人也是如此。因此,你獲得正確答案的機會和別人是一樣多的。我已經為你們描繪了這件事情的陰暗面,那麼我同樣也應該勾勒出更光明而且更充滿希望的一面,這樣才是公平合理的。在這件事情上,你並不是完全不可救藥地成了客觀環境的犧牲品。你可以對你的經驗範圍施加一些管制措施。如果你是普通人,你可能要麼只是在某種程度上利用了我所知道的最有效的一種管制措施 —— 讀書,要麼根本就沒有這樣去做。

讀書可以使人過上一百種生活,而不是只能過著一種生活;可以使人生活在所有的年代並且可以去所有的國家探險;可以探索物理領域和形而上學領域以及存在於二者之間的一切事物。不是每個人在年輕的時候都被教導要讀書。如今大多數人被教授的只是基礎知識,以及如何透過讀一些缺乏深度的文章的把戲來冒充閱讀,比如翻翻報紙或者雜誌,而我絕不是指這些,我

第四章　思考的可能性

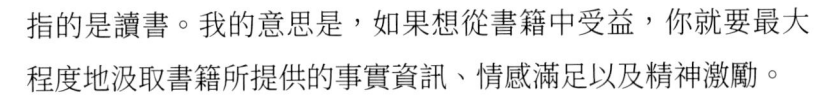

指的是讀書。我的意思是，如果想從書籍中受益，你就要最大程度地汲取書籍所提供的事實資訊、情感滿足以及精神激勵。

然而，假如你是一個不可救藥的頑固不化之人，從來沒有學著在這層意義上去讀書，並且確實也學不會，那麼我之前提到的所有其他途徑你都還是可以選擇的。劇院、電影以及最重要的、溫文爾雅的但幾乎已經消失了的談話藝術，這些途徑中，不管你選擇哪一個，無論如何你都要牢記我之前提到的你的無知區域。

如果你對哲學一竅不通，那就找個懂哲學的人聊聊。如果你對繪畫藝術一無所知，那就到博物館去欣賞繪畫。如果你對一個文明國家的歷史毫無了解，那就去讀一本關於歷史的書。有很多人慷慨激昂地呼籲，為了使民主得以存續，必須進行真正的文科教育。我相信民主。我也相信文科教育。但是對於文科教育或者通識教育，我主要的關注點並不是它們可以使社會秩序的民主形式永世長存變得可能，儘管我也相信這一點，而是在任何形式的社會秩序下，它們都將造就出自由的人──這些人已經得到了如何獲得經驗以及思考這些經驗的教導，並因此成了自由的人。

對於一個擁有完善自己經驗的能力的人來說，還需進一步的鼓勵。這種鼓勵與所獲得經驗的品質有關，而與數量無關。比如說，有兩個人都在看日落，其中一個人看到太陽周圍有一個略帶紅色的光環，就判斷明天將會是一個大熱天。而另一個

Part 1 探索思考的本質

人不僅看到了這個特有現象預測了天氣的狀況，而且還看到了壯觀的色彩集合——一曲「光譜的交響樂」，最難以言喻的明亮色調微妙地融合在一起，呈現出一種令人眼花撩亂的明暗對比——各種各樣最令人愉快的視覺印象。第二個人可能會繼續向別人說教日落在日常生活中的重要性。或者他也有可能在觀看日落與他的其他經驗之間建立起豐富的連繫。他可能會很高興地想起豪斯曼（Housman）的某一首詩或者透納（Turner）的一幅特別的畫。這兩個人都看過同樣的日落，但是很明顯，他們觀看日落所獲得經驗的感受完全不在一個層面上。

然而我們在這個關於日落的事例中並沒有發現任何新的事實。有些人會從一段經歷中獲得更多，而有些人則獲得的較少，這是一個常識問題。有人可以在從一段經歷中汲取全部益處的時候，特意地施加一些管制措施，這或許同樣也可以說是一個常識性問題，而我們到目前還是在誇誇其談，那麼我們該怎麼做？這就像馬克·吐溫（Mark Twain）關於天氣的那個老掉牙的笑話一樣：「每個人都在談論它，但沒有任何人對此採取任何行動。」這一章的重點正是告訴你必須行動起來。在以前，大多數時候你都被告知必須學著領悟藝術經驗——其實這等於在說藝術的「藝」字有一個草字頭一樣。我想說的是，你必須學著領會所有的經驗，這句話並不是我的原創。你必須學著從經驗中汲取更多，而不是你現在大概汲取的那 1／10，只要透過一點點聰明地努力，你就可以掌握至少從中汲取一半的能力。我

第四章　思考的可能性

所告訴你的這一切之中還有另外一個與眾不同之處，那就是你這麼做不僅僅是為了那些可能從中獲得的藝術享受，而是如果你真是下定決心要提高思考能力，你就必須同時提高那些你可以用來思考的經驗的品質和範圍。

這讓我想起了《格列佛遊記》的第一卷〈小人國之旅〉。也許你還記得，在那個人口稀少的國家裡，一般市民的身高都和格列佛的大拇指差不多，而皇帝是一位身材高大而且體格魁梧的統治者，據說要比他的臣民們高出一個指甲蓋那麼多。對於資訊來說也是如此，沒人擁有大量的資訊。如果你擁有的極少量的資訊比你的鄰居所擁有的極少量的資訊更多，那麼你就具備了一個顯著的實質性的優勢。在這個競爭激烈的世界上，這樣的優勢一直都是大多數人熱切渴望得到的。

Part 2
掌握思考的技巧

解決問題的奧祕從本質上來說仍然是一個謎,事實的確如此;但很多時候,當真正的解決方案還沒有被發現,而一個錯誤的解決方案卻先一步出現,這時富有藝術性且有見地的思考將使我們能夠發現錯誤並繼續尋找真正的解決方案。

第五章
思考的核心工具箱

思考的6種工具 —— 1.直覺 —— 2.形式邏輯 —— 3.語義學 —— 4.唯意志論邏輯 —— 5.符號邏輯 —— 6.連續統一體 —— 一種額外的工具：訓練有素的直覺

第一種工具：直覺

在孩子們喜歡的所有遊戲中，我想沒有比「假裝遊戲」更受他們歡迎的了。當這個遊戲「長大」了並披上哲學的外衣之後，它搖身一變，有時被稱為「彷彿」哲學。事實上，的確有一本名為《彷彿哲學》的書，作者是德國哲學家漢斯・費英格（Hans Vaihinger）。他的這本著作研究了「彷彿」方法的性質、價值和局限性，而恰好具有「科學虛構」的特徵。這本書真正的核心在於漢斯・費英格對有意識的暫時性虛構在很多方面的使用上具有深刻見解。假如這個世界上偉大的思想家沒有利用過這種「彷彿」方法——這種有益的暫時的虛構或者「假裝」，要是真有這種可能，那麼科學和哲學的進步都將變得更加困難。

我們剛才談到了人類活動的三種形式：欲望、思考和行動。這就是一種科學虛構的方式。你不能僅僅按照字面意思將欲望和思考區分開來，而且你是否能將它們區分開來也是很值得懷疑的事情；但是，如果我們暫時有意地沉浸在這種無害的虛構之中，那麼虛構就會發揮有益的作用並照亮黑暗的角落。因此透過這種人為的區分，我們就能了解到人類行為中一些原本有可能不會被發現的東西。在關於符號邏輯學、語義學以及連續統一體的章節中，我們將有機會進一步研究科學虛構的性質。現在我們只需要這麼理解，只要使用者是刻意使用虛構，那它就是一種很好的方法。

第五章　思考的核心工具箱

在我看來，以科學虛構的性質這種小專題來展開一場關於思考的藝術的討論是很合適的。原因在於儘管任何一種真正的藝術都是將多種多樣複雜的活動流暢而有節奏地融合在一起，但是只有透過人為地將其區分為藝術理論上的各個組成部分，有意向的學生才有可能一個部分接著一個部分地進行深入細緻地學習和實踐，最終達成這種流暢而有節奏的融合，這就是他分析的起點和融合的目標。

這是一種簡單的方案：如果你想學會騎馬，一種方法就是找到一位騎術高明的人並且研究他，觀察他的腳、腿和手。當然，一位優秀的騎手不會意識到他身體的這幾個部位發生了單獨的活動——他只是在騎馬。而你作為一名學生，透過分別觀察這些部位的活動，然後掌握它們的活動規律，也許最終你也可以像具備騎馬藝術的騎手那樣輕鬆而且幾乎是下意識地掌控馬匹。毫無疑問，你也必須提防落入有學術傾向的學生會遇到的第一個陷阱。作為一名騎手，你一定不能太專注於騎手圈子中所謂的「良好地操控韁繩」這種難題，以致不能繼續學習所謂的「良好的騎乘姿勢」。根據觀察，這兩者對於騎術的連續動作而言是同等重要的。

思考的藝術同樣如此。一個人不能沉迷於連續統一體的魅力之中，而排斥了解語義學或者三段論的形式和獨特風格。我打算向你們列舉並描述的思考工具或模式，是流暢而有節奏的思考的藝術中人為的而且在某種程度上不真實的部分。真正的

思考藝術家駕馭三段論或者連續統一體的意識往往還不如優秀的騎師駕馭胯下駿馬的意識強烈。

在我們打算用來剖析思考的藝術的一系列科學虛構之中，我們首先要考慮的是直覺能力。我們將所有無法闡明的思考都列入直覺能力。這其中蘊藏著奧祕，甚至連最專業的心理學家或者哲學家都沒有揭開它的面紗。在人的一生中，潛意識或直覺思維好像幾乎是從不間斷地在大腦中進行著。它在意識出現的時候和意識被睡眠籠罩的時候也不停歇。它與清晰的意識思考同時進行，而且當意識思考停止的時候它還在繼續。它包括記憶能力（柯日布斯基稱之為「代代相傳的屬性」），也包括將經驗整理成模式的能力。它包含著人類區別於所有其他有機物的真正本質。至少對我們而言，人類區別於動物的外在形態和實質是比較明顯的，但是當我們說靈魂或者心靈是人類所獨有的時候，我們所說的就是這個神祕的本質。直覺既是那些我們稱之為發現和發明的無窮無盡的新經驗模式的泉源，也是那些同樣無窮無盡和最令人怵目驚心的錯誤的根源。它的確是所有思考的泉源，因此值得大致了解一下。

我之所以說「大致」了解是經過深思熟慮的。它就像科學領域中的電一樣。沒有人知道電到底是什麼，同樣也沒有人知道直覺到底是什麼，但是我們知道關於電的大量知識以及一些關於直覺的知識。我們知道直覺能力因人而異。在過去的 40 年或者更長的時間裡，心理學家一直試圖以「智商」或者智商測試為

第五章　思考的核心工具箱

名義實證測量這種差異。

這讓我想起了我打算在這本書中提出的幾個非常重要的觀點之一。長期以來，心理學家認為，一個人的智商是不變的；一旦測試了智商，你就永遠得到了一個人智力的近似值。然而，這個領域中的研究使人們有理由相信事實恰恰相反。人的智力在不同的人生階段可以發生非常大的變化。阿德勒在他寫的關於閱讀的書中所描述的「學校的失敗」，至少在某種程度上可以歸咎於20世紀早期那些相信下面這兩個相關命題的心理學家──人的智商有固定不變的特性，以及學習過程的不可遷移性。換句話說，他們所相信的是一個人的思考能力是固定不變的，所以這種能力是不能提高的，他們也依此教導他人；你無法教會一個人進行他能達到的最高思考水準之外的思考；因此在教育過程中你所能做的就是像把很多日用品強行塞進旅行箱一樣，用填鴨式、死記硬背的方法教導那些學童。由此號稱要「結果」而不是「過程」的教育方法又死灰復燃，教他們年代、日期，教他們事實，教他們公式。既然他們不能學會更好地思考，至少可以因為交了學費而被教授大量一文不值的所謂的知識，就像物品被強塞進箱子一樣。

我不相信那是對的。我相信可能有更好的教育的過程。我由衷希望我們的學校能夠更專心地致力於教導人們如何思考，並且減少一些死記硬背的教學。好吧……這是另一回事。無論人們是否能夠如跟我相信他們可以做到的那樣提高實際思考能

力——他們的直覺能力——至少試著在自己力所能及的範圍之內，以最好的方式去思考，這樣做始終都是值得的。而特意地培養直覺是這個過程的第一步。

我們來總結一下。思考是將經驗整理成模式的過程。當這個過程發生在潛意識層面的時候，我們便將其稱為「直覺」。作為所有思考過程的泉源，直覺力量值得去培養和提高。現在的問題是如何去培養和提高？

在這一點上，請你不要期望過高，哪怕只是一時的。那種用老梅林家代代相傳的祕方製成的神奇藥油——來一瓶，就一瓶——包你滿意，不滿意退錢，我給不了你這樣神奇的藥油，我也沒有這樣的祕方，誰都沒有，只有一些簡單的建議，就像老主婦的偏方一樣，時靈時不靈，如此而已。

如果醒著的時候，你大腦的意識部分始終都保持著與現實的積極接觸，那麼你的直覺能力將永遠無法達到其最大值。幾個小時有目的地沉思，沒有固定的、特殊的對象吸引意識的注意，這對於培養直覺來說絕對是不可或缺的。心理學家指出了漫無目的的白日夢和我所描述的有目的地沉思之間的不同。白日夢可能有它的價值，也可能沒有，而有目的地沉思是有其價值的。不要問我為什麼有，或者它對你有什麼具體的幫助。我剛才所做的陳述已經遠遠超出了可論證命題的邊界。它們本身就是基於直覺的觀點，而我只是表達出來而已。

近年來，心理學家投入了大量的時間和精力來研究催生和

第五章　思考的核心工具箱

激發直覺的過程。儘管他們提供的絕大部分線索，與一位學識淵博且思緒活躍的人獨立透過不斷地反思能夠推論出來的內容並沒有太大不同，但這些研究還是具有啟發性的。疲勞是一種激發直覺的方法，尤其是由令人愉快的劇烈運動產生的疲勞。由劇烈的腦力活動導致的疲勞同樣可以有效地激發直覺，例如挖掘欣賞音樂、繪畫和歌劇的正面意義。對許多人來說，簡單的消遣娛樂就能好好地激發直覺，例如只是單純地理解音樂，而不是上文描述的挖掘傾聽音樂的正面作用。直覺活動可以透過使用咖啡、酒精以及某些藥物以化學方法來激發。（在此僅僅只是提及，不是推薦使用。）在前面章節中提到的好書和良好的談話幾乎是激發直覺最好的方法。

我認為激發直覺能力的另一種方法是你向自己提出一個問題──不管什麼問題。特意地仔細思考它，然後把它擱置一段時間，一天、一週或一個月。再回到這個問題上，如果仍然沒有解決，那就重複這個過程，重複再重複。最終在我們所謂的靈光一閃中，找到這個複雜問題的解決方案，這正是直覺的眾多奧祕之一，就像一種著名的治療方法，這種治療方法在病人睡覺的時候發揮作用。

一部分科學虛構將直覺看作是一種獨立的能力，原因在於我們自稱有時候透過有意識地推理而有時候透過無意識地推理來解決問題，而且這二者是可以區分的。當著名的法國數學家龐加萊（Poincare）解決他最棘手也是最重要的問題之一的時

候,這個問題的答案藉一道頓悟的閃電在午夜時分把他驚醒了。那時他研究這個問題已經有很多年了。所有他知道的有意識的推理方式已經全部嘗試過了。這個問題在他的潛意識裡已經根深蒂固了,然後有一天晚上他醒了,答案就在那裡。所以你看,不管我或者其他人怎麼談論尋求解決方案,在相當程度上,祕密還是深藏不露。我們所能去做的最多的就是了解不同的工具,盡我們所能巧妙地使用它們,然後剩下的就是期待答案了。

然而,假如一切就是如此,那麼思考的藝術相當程度上就將不復存在了。解決問題的奧祕從本質上來說仍然是一個謎,事實的確如此;但很多時候,當真正的解決方案還沒有被發現,而一個錯誤的解決方案卻先一步出現,這時富有藝術性且有見地的思考將使我們能夠發現錯誤並繼續尋找真正的解決方案。這就為我們引出了思考的第二種工具 —— 形式邏輯。

第二種工具:形式邏輯

亞里斯多德在他的《形而上學》一書中這樣寫道:「所有人天生都有求知欲。」在同一本著作中後面的章節,他又寫道:「有些人試圖討論接受真理的條件,這是因為缺乏邏輯訓練;因為當他們即將進行一項專題研究時,應該了解與此有關的一切,而不是在他們進行研究的時候再去探討相關問題。那麼很顯然,哲學家

在研究一切物質的本質時,也必須探究三段論的原理。」

眾所周知,三段論是世界歷史上第一次將意識推理的過程形式化。讓我們從直言三段論的一個經典例子開始探討:「人終有一死。蘇格拉底是一個人。因此,蘇格拉底終有一死。」第一句話的意思是所有的人都會死,這是基於歸納推理的。對於這句特定的話而言,如果你靜下來想一想,它是根本沒有辦法證明的。我們有充分的理由認為,迄今為止所有曾經活著的人最後都死了。我們從大量例如這樣有特定事實的知識點出發,形成一個不可證明的概括性的結論——現在活著的所有人以及未來的所有人都會死去。

下一句話陳述了蘇格拉底是一個人。這裡要表達的意思是,有一種生物物種,其成員間有相似性,而且與其他物種之間有差異性,這使他們有資格歸入被稱為「人類」的這個分類。第二個命題是基於演繹推理的:從一般陳述到特定陳述的過渡。

第三句話,也就是蘇格拉底終有一死,這就是所謂的蘊含。它與你在學校裡學到的一條定理一脈相承,意思是與同一個事物等同的事物互相之間也是等同的。也就是說,蘇格拉底等於人,人等於終有一死,因此,蘇格拉底等於終有一死。

你會發現,如此簡單地解釋任何複雜機制,例如三段論,都相當於一種非常不完整的分析,都會因為膚淺和曲解而遭到各式各樣的責難。在這本書中我從始至終都必須冒著遭受這種責難的風險,因為如果我必須在不完整但更容易理解的事實和更接

近完整但不容易理解的事實之間做出選擇，那麼有所省略和刪節在我看來都不是緊要的，我會忽視邏輯學家的表達習慣而用聰明的非專業人士的語言來表達。因為我不能誤導你，所以我會盡可能小心，在我看來任何很重要的省略和刪節我都會告知你，但是一般來說，在討論邏輯和思考時，既保證技術上的正確性，同時還要把討論的問題控制在普通讀者可以接受的範圍和形式之內是不可能的，你可以認為這是理所當然的事情。另外，我指的是我所說的那樣的普通讀者。

我剛才提到三段論推論出結論的過程和一條數學定理密切相關。反過來看，你會認為這條定理與亞里斯多德最初的「思維三律」密切相關，「思維三律」不僅是他的三段論的基礎，也是他其餘所有關於思考的方法論的基礎。這三個思維定律通常是這樣表述的：

1. A 是 A ── 同一律。

2. A 不是非 A ── 矛盾律。

3. 任何事物要麼是 A，要麼是非 A ── 排中律。亞里斯多德的意思顯然是馬就是馬，馬只是馬，而不是其他任何東西，以及所有動物要麼是馬，要麼不是馬。人不可能既終有一死又長生不死。蘇格拉底不可能既是人，又不是人。然後我們再回到三段論。

所有這一切都是真實的，因此如果人終有一死而且蘇格拉底是一個人，那麼蘇格拉底終有一死是必然的，也是不可避

第五章　思考的核心工具箱

免的。

「思維三律」和一個被稱為「三段論」的結構的三個詞項是有效推理的科學性的基礎，而且在此基礎上，實事求是地來說，也是西方文明在理性領域整個流程的基礎。好好想想！在此之前，從來沒有一種方法讓所有人都能約定俗成地將單純的意見轉變成無論何時何地都有效的結論，而且無論是誰得出的結論都可以被挑戰。

在第三章中，我評論過三段論那些錯綜複雜的慣例。在邏輯學的任何一門基礎課程中，你都會發現自己將會接觸到謂項、主項和命題；定義和分類；類、屬和種；類推、歸納和演繹；分析和綜合以及一大堆其他的專業術語。這些術語都很重要，而且值得去了解，但不是說我們現在立刻就要了解它們。如果你想查閱一本關於形式邏輯的簡單的、內容緊湊的手冊，想要更多地了解那些慣例以及它們源於怎樣的推理，你可以為自己準備一本英國科學家威廉・史坦利・傑文斯（William Stanley Jevons）所著的《邏輯學初級教程》。估計不需要投入過多的精力，你就能理解這本書中所包含的邏輯學基礎知識。如果你想直接找到原始資料，可以去讀亞里斯多德所著的《前分析篇》，然後再讀他的另外一些關於邏輯學的著作。目前關於形式邏輯，我們打算試著了解的問題是三段論的廣泛性，這一點剛才我們已經講過了，另外還有三段論的謬誤問題，我們現在來討論。

有些規則可以使你輕易地發現謬誤的推理錯誤。在第三章中，我們簡單地提到過 11 種謬誤的存在。現在我來將它們列舉出來。首先是 4 種形式謬誤——無視三段論的實質內容而導致無效推理的那些謬誤：第一種形式謬誤是四詞項謬誤。三段論有一個規則是它只能包含三個詞項。三段論用數學語言來表達是這樣的：A 是 B，B 是 C，因此 A 是 C。但是你不能這麼說：A 是 B，C 是 D，因此 A 是 D，其中存在四個詞項。A、B、C 和 D 這樣的四個詞項，完全破壞了三段論形式的有效性。比如，歪曲我們最初所說的那個例子，你這麼說就是無效的：「人終有一死。蘇格拉底容貌醜陋。因此，所有人都容貌醜陋。」我要提醒你的是，在這個荒謬的例子中，謬誤是顯而易見的，但實際上存在著許多不那麼明顯的荒謬的推理，我們都知道從一個口才很好的演講者嘴裡說出的四詞項謬誤經常會贏得一場爭論。

第二種形式謬誤是中項不周延謬誤。三段論有一個規則是要求每一個中項都必須至少周延一次（而且一定不能引起歧義）。下面這個例子就是違反這個規則的謬誤：「所有的作家都是聰明人。所有的哲學家都是聰明人。因此，所有的作家都是哲學家。」在這個三段論中，「聰明人」這個中項是沒有周延的。你可以將「所有的哲學家都是聰明人」替換成「所有的聰明人都是哲學家」，從而小前提裡的中項就是周延的，這樣你就使這個三段論在形式上變得有效了。

第三種謬誤是不當周延謬誤，這種謬誤違背了三段論前提

中不周延的詞項在結論中不得周延的規則。引用傑文斯舉的一個例子:「所有的盎格魯撒克遜人都熱愛自由。法國人不是盎格魯撒克遜人。因此,法國人不熱愛自由。」其中「熱愛自由」這個大項在大前提中沒有周延。也就是說,陳述中並沒有說盎格魯撒克遜人是唯一熱愛自由的人。所以你不能像這個三段論一樣得出法國人不熱愛自由的結論。

第四種謬誤是否定前提謬誤。有一條三段論的規則是如果有一個前提是否定的,那麼結論必然也是否定的。舉例來說,「我不是懦夫。懦夫不能成為優秀的士兵。因此,我能成為優秀的士兵。」我或許能成為優秀的士兵,也或許不能,然而你不能透過上面這個三段論來證明。

7種實質謬誤是錯誤的豐富來源。首先介紹偶然性謬誤,表現為將因果關係歸因於巧合。繼續引用傑文斯舉的例子,「昨天你買了什麼,今天就吃什麼。昨天你買了生肉。因此,你今天就吃生肉。」需要注意的一點是,如果你在吃肉之前把肉煮熟,那麼你就會使這個三段論的結論變得不真實。這個謬誤在於包含了生肉的「生」這個字,而這是肉的一種偶然性質。

第二種謬誤叫做逆偶然性謬誤,與偶然性謬誤非常相似,所以不需要再做解釋。

第三種謬誤是不相干結論謬誤。如果一個人被指控犯罪,這時候說還有很多更惡劣的罪犯仍然逍遙法外是完全文不對題的。法庭上的爭議是:「這個人是否有罪?」而關於更惡劣的罪

犯的結論就是不相干結論。

第四種謬誤是竊取論題謬誤。「一個移動的物體要麼在它所在的地方移動，要麼在它不在的地方移動。一個物體不能在它不在的地方，而如果它移動，那麼它就不能在它在的地方。因此，它根本不能移動。」這是竊取論題謬誤的一個典型例子，是如此複雜和混亂，所以必須結束所有這樣的謬誤。

第五種謬誤是不當結論謬誤。「人終有一死。蘇格拉底是一個人。因此，蘇格拉底不能活到很老。」很明顯，這個結論根本不是由前面的陳述推導而來的。

我不打算用另外兩個謬誤來困擾你。我有一種很強烈的內疚感，因為我已經灌輸了你們相當多的專業術語。然而，之所以提這麼多的專業術語，我是有理由的。你可能每天都會聽到許多我已經描述過的三段論的結論和各種謬誤的例子。僅憑這一點，去了解什麼是謬誤似乎就是值得的，不管你是否想去質疑別人結論中的謬誤，了解什麼是謬誤至少可以避免它們出現在你自己的結論中。

就像任何一種藝術一樣，進行推理的自信心在某種程度上來源於你知道自己已經避免了錯誤。然而，如果你不知道什麼是錯誤，那麼你就不可能知道自己是已經犯了錯誤還是避免了錯誤。

因此，透過死記硬背來學習推理中的典型錯誤是正當合理的。你還應該掌握一些關於三段論的基本知識。三段論有時候

第五章 思考的核心工具箱

被稱為「間接推理」，或者是藉助一個共同的或中間詞項的推理。「間接推理」這個名稱的意義在於幫助你區分三段論推理和直接推理。在直接推理中，當一個命題陳述完畢時，你可以立刻推斷出結論，作為第二個命題。例如，第一個命題是，「沒有人永生不死」；第二個命題就是「人終有一死。」不要因為第二個命題似乎只是語言表達上不太一樣，或者只是第一個命題的轉化而感到困惑。這個例子足以作為一個直接推理的典型例子，而你只需要牢記並不是所有的直接推理都運用這種語言表達的技巧。另一方面，在間接推理或者三段論中，你是透過用一個中項來比較兩種事物從而推論出你的結論。這就是為什麼我們開始解釋三段論的時候引用了與同一個事物等同的事物互相之間也是等同的這一個數學定理。

三段論有很多種式。你可以畫一個包含不同種類命題的表格，這些式簡單明瞭地列舉了你透過推理可以得到的所有組合。你應該記得三段論是由三個命題或斷言組成的。這三個命題中的每一個都有可能是肯定的、否定的、一般的或者特殊的。這就產生了 64 種由不同可能性組合的三段論，其取決於三段論三個命題中的每一個分別屬於四種類型中的哪一種。在這 64 種可能的組合中，經過研究之後，有 53 種被邏輯學家排除了，因為這些組合要麼是無效的，要麼是被他們文雅地稱為「不雅的」，這樣就留下了 11 個所謂的有效式。即使在這一點上，邏輯學家的意見也不一致，因為有些人堅持主張還有更多

的有效式。然而，無論你最終擁護 11 個有效式的學派，還是 16 個有效式的學派，或者另外一些學派，都不是什麼太重要的事情。不必為此擔心。

三段論不僅有與命題的類型有關的各種式，而且還有各種格。這些格描述了命題中的詞項的位置。在結論中作為謂項的詞項叫做大項。因此，在我們關於蘇格拉底的那個三段論中，「終有一死」就是大項。大項在第一前提，也就是大前提中既可以是主項，也可以是謂項。另外，結論中的小項在中前提中同樣既可以是主項，也可以是謂項。

這些進一步的區分使三段論產生了進一步變化的可能性，根據大多數邏輯學家的觀點，有效且有用的三段論的組合總共可能有 19 種。也就是說，透過將 4 種可能的格應用於最初那 11 個有效的式上面，就產生了 19 種有用的組合。兩千多年來，所有被公認的推理都是以這 19 種可能的組合為基礎的。

現在熟記解釋這 19 種三段論的公式對你來說沒有什麼好處。然而，去了解它們的存在，並且明白假如將來有一天你真想去研究它們的時候，你可以在課本上找到，我認為這應該對你有所幫助。

關於形式邏輯，至少還有一個章節的內容是你應該掌握的，那就是有關分類這個十分重要的主題。邏輯學有時候被定義為分類理論，這樣的定義會讓你清楚地了解到，分類這一個主題在邏輯學中占據主導地位是理所當然的。分類不外乎根據事物

第五章　思考的核心工具箱

的相似性或者同一性整理事物，或者說歸納對事物的概念。繼續引用傑文斯的話：「每一個分類都應該由在某些特定性質上完全相似的對象構成，而且在分類的定義中已經陳述了這些特定性質。」約翰・史都華・彌爾（John Stuart Mill）是英國一位重要的思想家，我們今天有關歸納法的理論相當程度上要歸功於他以及培根（Bacon）和黑格爾（Hegel），他用這種方式表達了有關分類的觀點：「分類是一個使我們頭腦中對事物的概念得到最佳整理的發明；分類會使我們在最大程度上掌握早期獲得的知識並最直接地引導我們獲得更多的知識，我們頭腦中對事物的概念便以這樣一種方式在彼此之間共有或者繼承。」就這些目的而言，有關分類的普遍問題可以這樣來陳述：要規定事物應該被歸在什麼樣的分類之中，而且要規定那些分類是什麼樣的次序，這些規定必須在最大程度上有助於記憶並且有助於確定其規律。這些對分類的本質的分析使我們獲得了三個處理問題的很好用的定律。

我之前已經在這本書中強調過，而且是作為最為重要的一個觀點強調的。這個觀點與一個人的智商在人生不同階段中可能會發生變化有關。下面我來告訴你關於分類和劃分的這三個很好用的規則，同時我還要補充很重要的一點，那就是這些規則並不是我提出的。認真地牢記這些規則，它們對你非常有用。這三條規則是這樣的：在對任何對象分類以及劃分為多個組成部分的過程中，

1. 作為組成部分的種必須互相排斥；

2. 加入到某一個屬時，作為組成部分的種必須是平等的；

3. 進行劃分時必須建立在同一原則之上。

現在我來解釋。如果你正在概述某個對象，第一條規則是任何一個條目在概述中都不能出現兩次；它只能出現在一個地方，而你必須找到這個合適的地方。第二條規則是無論你要分類的對象是什麼，當你完成分類的時候，一定不能有任何不當的空缺。你所要概述的對象的每一個部分都必須在概述中佔有一席之地，而且當你完成概述的時候，整個概述必須包括你所認為的該對象的全部內容。第三條規則，最重要的是不要犯下所有糟糕的概述最常見的錯誤──那就是完成了一半概述的時候，你發現其不符合前面兩條規則的要求，但是仍然要分類剩下的部分，所以你改變概述的原則來讓你能夠以某種方式將剩下的部分強塞進去，然而你這樣強塞進去完全沒有任何意義，這實在是一種拙劣的解決方案。

讓我來舉例說明。你正要根據感知方式來分類藝術，你寫的概述的開頭是這樣的：

第一部分──視覺藝術：繪畫、蝕刻畫、拓印畫、版畫等等。

第二部分──聽覺藝術：例如演唱會、樂器演奏等等。然後你開始考慮戲劇，但是你無法決定戲劇是屬於第一部分還

第五章　思考的核心工具箱

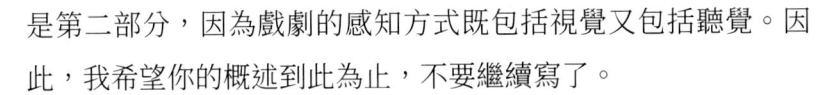

是第二部分，因為戲劇的感知方式既包括視覺又包括聽覺。因此，我希望你的概述到此為止，不要繼續寫了。

第三部分——戲劇。如果這麼分類，你或許就是為數眾多的那一種人——對連貫思維一竅不通，連貫思維的首要特徵就是知道如何寫概述。

關於概述的這個問題是先於三段論的。如果一個人對好概述和壞概述之間的區別以及是什麼導致概述的好壞連一個模糊的概念都沒有，那麼他甚至無法好好展開思考。在商業領域中，我不知道見過多少聰明又充滿善意的人提交的毫無價值的報告，而他們唯一的錯誤就是完全沒有理解寫概述的原則。他們對寫概述的那三條規則一無所知，因此他們寫了一個糟糕的概述，然後在此基礎上寫了一個糟糕的報告，這是非常自然的事情。他們完全沒有這方面的知識，不知道如何將一個對象進行分類，因此他們對這個對象的描述必然是沒有任何用處的。我知道一些非常聰明的人也做過這樣的事情，並且做過不止一次，而是很多次。

正是為了試圖讓你們避免犯這個完全不必要的錯誤，所以我如此詳盡地闡述了關於分類、劃分和概述的要點。要將寫概述的三條規則牢記在心。如果你一定要在思考上犯錯誤，那也只能因為遭遇難題去犯某些錯誤，而不能犯因為不知道那三個小兒科級別的簡單規則所導致的幼稚的錯誤。請注意——我必須憑良心來不斷重複這一點——知道並理解這三條規則，這本

身並不能保證你寫的所有概述都會是完美的典範，而是只能幫助你寫出好的概述。嚴格遵守這些規則，如果再加上你的聰明才智和一些相關知識，這樣就會使你寫的概述清晰而卓越。如果沒有這些規則，用中世紀詩人的詩句來說，「汝須棄絕希望。」

第三種工具：語義學

亞里斯多德這樣說道：「口語詞彙是精神感受的符號，而書面語詞彙是口語的符號。正如每個人的筆跡不盡相同一樣，每個人的特殊需求也不盡相同。但是人們都可以直接用這些符號來表示精神感受，同樣也可以用影像來表示感受。」

我說亞里斯多德了解到語義問題的本質時，所指的就是上面這一段話。「語義」（semantic）這個詞直接來源於希臘語中「semainein」這個詞，意思是表示。語義學是一門關於含義或者意義的學科。理解這門學科對良好地思考來說是不可或缺的。有人曾經說過這樣一段話，我認為是不無道理的：「如果沒有語言的存在，那麼思考也不會存在。」這裡所說的「思考」是這個詞的一般意義，也是我們通常表達的意義。

當你使用詞語的時候，你的狀況和一個身處陌生國度的旅行者很類似。這個陌生的國度有它自己的交易媒介。如果不熟悉這裡作為交易媒介的錢幣，你就很有可能被誤導，也很有可能被欺騙。為了使你在花錢時能享有一個公平的機會，買到物

第五章　思考的核心工具箱

有所值的商品，你必須了解那些不同的錢幣，並且知道它們代表的價值。在這種情況下，有一點需要特別注意，那就是如果你了解那些不同的錢幣，並且知道它們代表的價值，並不等於你完全確定自己買到的東西物有所值，但如果你不清楚這些，那麼幾乎可以確定你買到的東西不會物有所值。

正如你所知道的那樣，錢幣是一種符號。它們代表實際商品一定的價值——例如麵包、鞋子、房子等等。你永遠也不會錯誤地認為錢幣就是它們所代表的東西。即使是視力最差的人也不會把一枚5美元的金幣錯當成一雙鞋。但是在人類交流領域中，當使用的符號是詞語而不是錢幣時，人們很多時候都會犯轉移的錯誤；也就是說，會錯誤地認為符號實際上就是它們所代表的事物。在交流領域中，我們必須使用符號——使用語言學意義上的語言符號——因為我們所生活的現實世界沒有一個通用的思考方式，因此必須用通用的符號來交流，上面所說的轉移的錯誤只是我們必須使用符號來交流這個事實所導致的許多混亂的情況之一。

從亞里斯多德開始，很多人都了解了這些真理，也有少數幾個人寫過關於這些真理的文章。但是據我所知，直到出現了一位天才，這些真理才被充分地記錄下來。這位天才是一位波蘭數學家，他的名字叫柯日布斯基。讓我再說一遍，他是一位天才。「天才」這個詞在語言學方面就像是一枚因為使用次數太多而被磨掉了成色的硬幣，因此這個詞應該謹慎使用。在世界歷

071

史上出現的天才並不是很多,而且在歷史上任何一個特定的時間點,這個人數都會極大程度地銳減,以確保這個特殊階層成員的一種莊嚴的寂寞。

我已經說過柯日布斯基是一位天才。如果你是一位普通讀者,我最初也是這麼定位自己的,你必定會暫時相信我的這個說法。如果你的暫時相信只是很短的一段時間,這正是我所希望的,也很容易實現,只要你能運用思考的工具使自己達到能夠閱讀和理解柯日布斯基的著作並且自己去衡量他的程度。如果你長期無法達到這樣的程度,那麼你就長期無法獲得那些益處。

這讓我想起了一個題外話,和我在商業中慢慢學會的一個道理有關。自從開始經商以來,我和很多人一樣,一直對估量其他企業這個大型商業遊戲很感興趣。我非常希望自己能夠斷定某些公司大體上是好還是壞。這並不是為了去買入或者拋售它們的股票,當然買賣股票是個同等有趣而又與此不同的遊戲。我估量其他公司是為了從它們那裡學到一些對我自己公司有好處的東西。

任何一個對資產負債表和營業損益表有模糊了解的人都能以此為依據,得出一個關於某個公司在某個特定時期是否盈利以及這個時期的盈利與公司其他經營階段之間關係的整體看法。從同樣有限的證據中,他也能根據對資產與負債的關係、營業盈餘的金額以及營運資金的規模等等這樣一些項目的常規解釋,推斷出公司未來在一個有限的時間段內是會一帆風順還是舉步

第五章 思考的核心工具箱

維艱。但是正如所有仔細查看資產負債表的人都知道的那樣，這些冷冰冰的資料並沒有揭示出一個公司的處境或者前景真正的內在本質。我們想了解關於這個公司的其他一些情況——它的市場有多大；這個市場是在擴大還是在萎縮；這個公司已經搶占了多大比例的潛在市場；那些競爭對手的情況如何；這個公司是否有一個經營能力強的團隊；工作方法是否高效等等這些問題，只要有人有耐心去寫，另一個人有耐心去看，問題清單可以很長。

你會從這一長串問題中得到一些答案，我想要表達的重點是關於評估這些答案的方法。很顯然，你將得到各式各樣的答案：有利的答案、無關緊要的答案以及對公司未來前景不利的答案。我發現，很多（但不是所有）企業管理專家、喜歡揣測未來的人、股票經紀人以及各行各業的跟風者都有一個習慣，他們評判公司的時候純粹只看它們在哪些方面有問題，根本不看它們在哪些方面做得好。這一點正是我想要表達的重點和真正核心所在。我認為，通常來說，各式各樣的企業或者任何類型的企業都應該被與上面所說的完全相反的方式來評判。真正的核心問題不在於它們在哪些方面有問題，而在於它們在哪些方面做得好。我發現一些公司存在問題，你同樣也發現不少公司存在問題，如果你靜下來好好想想，它們存在這麼多問題，就像一艘千瘡百孔的破船一樣，你無論如何也弄不明白這些公司是如何使這樣一艘破船繼續浮在水面上的，照理說哪怕每天24

小時不停地抽水也不行。船上有些破洞不僅很大,而且在吃水線以下。但是奇怪的是,這些公司不僅有人手也不缺水泵,而且還能讓船繼續浮在水面上,甚至還一路航行抵達了目的地。因此我得出的結論是,核心問題不在於一個公司在哪些方面有問題,而在於這個公司在哪些方面做得好。剛剛簡短地討論了這些,我的推理儘管並不像歐幾里得的幾何證明那樣足夠嚴謹而讓人信服,但是我相信我可以透過詳細論述來讓我的結論變得正當合理。眼下我並不是堅決要證明這個命題,而是要強調一個觀點。

這個觀點就是,一個企業健康與否更多時候取決於對其資產的正確評估,而不是完全只考慮這個企業的負債。當然,如果其負債達到了壓倒性的規模,這個企業就會破產倒閉,但是壓倒性的負債通常很快就會暴露無遺,不可能長期愚弄整個世界。

在我看來,我所說的關於公司的看法似乎更符合理論。保守是人類的天性,對於任何一個新理論而言,人類本能的第一反應就是找出這個新理論哪裡有問題。要是作為第二步,這樣做是有必要而且可取的。但作為第一步,這樣做往往容易讓自己看來像聰明的笨蛋,或者像在詭辯,又或者似乎在採取鴕鳥政策。柯日布斯基伯爵已經跨過了其中一些跟風者和詭辯者目光短淺的視野。這些人審視他的時候「好像用玻璃假眼去看一樣模糊不清」。他們長篇大論地談論他的缺點,但是毫無說服力。他們沒有看到他的優點,因此難以理解,也沒有將他的優點記錄

第五章　思考的核心工具箱

下來。他寫了一本書──《科學和理智》。這是一本極好的書，但是他使用的英語讓人非常不滿意。他向我保證他是用英語寫的。我已經強烈要求他把這本書轉換成普通英語，刪改掉原文中一半以上的語句。我繼續期待著這本書。與此同時我必須指出，要是這本書不能轉換成普通英語是我們的損失，而不是他的損失。

柯日布斯基的基本論點是：詞語不是它們所代表的東西。因為各式各樣的原因，人們生活中的一部分甚至整個生活都是根據詞語而不是根據現實來度過的，而人們要麼是不知道，要麼就是忽略了這一點。他這麼說道，詞語是抽象的，不僅不是它們所代表的東西，而且所有詞語都不可避免地省略掉了它們所代表的東西的某些特徵。此外，詞語代表不同程度的抽象──他稱為「高階抽象」和「低階抽象」。例如，你有一隻狗叫菲多，那麼「菲多」就是一階抽象，這個詞代表你的狗。「狗」是一個二階抽象，不僅代表你的狗，也代表所有的狗。另外，「狗」這個詞的內涵所包含狗這個種類動物的特徵比「菲多」這個詞要少，「菲多」這個詞的內涵所包含的特徵是你的那條特定的獵犬。繼續講抽象的序列，「動物」是一個三階抽象，這個詞比「狗」省略掉了更多細節，而「狗」依次地比「菲多」省略掉了更多細節。然後你可以繼續這樣思考，直到延伸至真正的高階抽象，例如「真理」、「正義」和「智慧」。

詞語還有一些其他會誤導我們的特性。按照柯日布斯基的

說法，詞語具有多序性。順便提一句，這個說法出自於亞里斯多德，他以單義性和多義性分類了詞語。毫無疑問，詞語功能的多序性或者多義性必定會導致誤解和錯誤。

詞語、命題和論證也被用來建構我們之前所描述的科學虛構。柯日布斯基將詞語的用法形容為要素主義，而且他將科學虛構這個主題的要素主義觀和他所謂的結構主義觀進行了對比。他非常有效地證明了一個論點，那就是這些虛構可能是有害的，也可能是有益的，而且它們並不是始終在有意識的情況下被使用的。這一點也可以追溯到亞里斯多德。

我一直提及亞里斯多德，他如同知識的泉源。我這樣做的原因並不是我對於他沒有得到在任何情況下都當之無愧的榮譽而感到心中不安，而是我認為對我們來說最重要的是要牢記，《科學和理智》這本著作中也採用了很多起源可以追溯到古希臘時代的基本概念。我再次提醒你，如果一個人願意去了解一些早期偉大的思想家的著作，那麼他就能夠避免浪費大量的時間，還能夠避免很多錯誤。柯日布斯基為了準備寫《科學和理智》這本書進行了多得讓人難以置信的研究和閱讀。他仔細研讀了亞里斯多德的著作，但如果真正讀懂了亞里斯多德，那他就不會把《科學和理智》這本書描述成一個非亞里斯多德系統了；其中一個原因是他應該會發現自己在這本書中闡釋的主要論點有很多都是對亞里斯多德的認同。

之前我還提到過另外一本關於語義學的書，是奧格登和理

第五章　思考的核心工具箱

查茲合著的《意義的意義》。這本書與我剛才描述的那本偉大的著作《科學和理智》相比，無論如何都是次要的，我甚至都不打算簡述書中的內容，但是我將引用這本書中一個巧妙的示意圖。

作者展示了一個沒有底邊的三角形。他們在這個三角形右邊的頂點處寫上了「指示對象」這個詞。在三角形頂端寫的是「思想或參考」，在左邊的頂點處寫的是「符號」。他們在這個示意圖中所表達的不僅是符號不是它所代表的東西這個事實，還表達了與符號所關聯的是某種想像，而這種想像才和符號所代表的東西連繫在一起。毫無疑問，他們的觀點是符號和它所代表的東西在我們早先使用的語言中不是直接關聯的，而是間接關聯的。最初的事物，或者叫指示對象，只與思想直接連繫。符號也只與思想直接連繫。符號和事物之間沒有直接的連繫，只能透過思想作為媒介才能連接。這個圖示的價值是有限的，只是以圖形的方式指出了在使用一個不能完全代表指示對象的符號的過程中存在出現省略、曲解和錯誤的可能性。柯日布斯基為了對此提出解釋，使用的是觸覺裝置而不是圖形，他這種方式讓人覺得更有真實感，但遺憾的是在解釋同一現象時難度更大。這個裝置由一塊木頭組成，上面掛著一些鬆鬆垮垮的繩子。柯日布斯基將它稱為「結構差動裝置」。他用這個裝置在課堂上演示高階抽象和低階抽象。這個裝置不同的高度上掛著那些鬆垮的繩子，表示當一個詞或者符號被用來代表一個指示對象時，丟失那些對象原有的特徵。繩子位置的高低表示抽象程

度的高低。柯日布斯基指出，從他的觀察來看，學生們透過頻繁地觀察和觸碰這個裝置，會在腦海中對丟失和曲解在抽象的言語交流過程中是固有現象這一個真實情況形成深刻印象，這是其他任何方式都無法做到的。

奧格登和理查茲在他們的書中還表達了另一個觀點，我認為特別值得提出來。這個觀點與詞語的兩種使用方式有關。他們二人稱之為「表目的」和「表情緒」。他們可能應該像正確使用邏輯學術語那樣，還用適當的修辭學來表達，但是我很樂意承認他們選擇的詞語更能說明他們的意思，而且似乎在某種程度上比經典術語更完整地表達了他們想要表達的內涵。奧格登和理查茲煞費苦心地說明以表達情緒的方式使用詞語在真正可靠的分析中是不恰當的，而且往往會遮掩問題。他們還表明，詞彙學需要兩種不同的研究方法 —— 由於詞語有兩種使用方式，因此需要用兩種方法研究。在我看來，他們的這個概念和術語一樣，都很有用。

語義學，簡而言之，就是我們只用詞語交談，主要用詞語思考。詞語本身就像是不足以承載船艙裡裝的貨物的貨船一樣。由於詞語的功能不足，思考存在很多缺陷，這令我們感到痛苦。我們陷入了一些無聊的爭論，而在這些爭論中，參加爭論的人最終都意識到他們談論的是詞語而不是事物本身，而且如果只去定義詞語，那麼就會發現他們的意見其實是一致的，並沒有分歧。

第五章　思考的核心工具箱

　　柯日布斯基還有一個能夠節省時間的深刻理解。他呼籲我們要注意這樣一個事實，定義術語固然很好，但是不要在任何情況下都帶著強烈的學術色彩。他的這個見解是正確的，如果兩個正在交談的人在不能將詞語的定義提升到言語層面的情況下，他們相當確信仍然要將實質上相同的值附加到正在考慮中的詞語或者符號上，這才是我們真正所需要的。他們有一個令人滿意的共同理解的基礎，並應該停留在這個基礎上，而不是在舞文弄墨的囉唆過程中變成一個令人絕望的語言純正癖者，來努力達到韋伯斯特（Webster）滿意的那種定義。

　　我發現柯日布斯基的作品中有一個部分很有趣，但我認為現在討論這部分實在是為時尚早。他將這個部分稱為「否定推理系統」。這個系統完全基於下面這個理論，「是」這個系動詞在形式邏輯上造成了巨大的技術困難。柯日布斯基提醒我們這些困難從性質上來說是語義性的，而且透過盡可能地使用「不是」來代替「是」應該就能避開這些困難。舉個例子，如果你很熟悉馬這個物種的外表，這時你生平第一次見到了驢，後來你向朋友描述這段經歷時，你可能想對你所見到的這個奇怪的動物下一個斷言。柯日布斯基認為，你可以百分之百斷言你看見了一種動物，不是一匹馬。由此，他建立了根據否定命題來建立論證的構想。就我個人而言，我傾向於懷疑這個系統是否會發展成一個近乎完備的系統，而足以成為一種新的思考工具。目前可以暫時肯定的是，無論如何它還在醞釀中，尚未完全成形。我

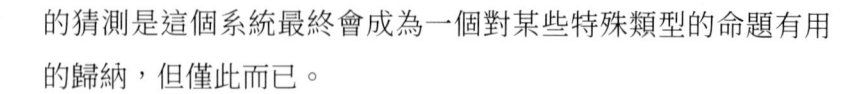

的猜測是這個系統最終會成為一個對某些特殊類型的命題有用的歸納，但僅此而已。

第四種工具：唯意志論邏輯

很久以前，有一個叫赫拉克利特（Heraclitus）的希臘人體認到一些語義困難所產生的不確定性。從那以後，人們時常會找到一些理由以某種方式來批評形式邏輯的局限性，以及在形式邏輯和現實生活之間建立有益連繫存在的困難。席勒（Schiller）教授是這個批評正統學派主要的現代倡導者之一。在席勒教授所著的《形式邏輯學》一書的序言中，他這樣說道：「兩千多年來，形式邏輯一直是學術教學的一個固定主題。它已經被設立，並且擁有從全人類最有能力且智力最敏銳的人之中挑選出來的眾多正式的擁護者。此外，形式邏輯的主題非但不是深奧難懂的，反而每一個理性的人應該都很熟悉。它宣稱要研究一項每個人日常都要進行的活動，也就是思考，還要詮釋我們應該如何去思考。因此人們也許會認為，這一項研究詳盡地探究邏輯學的主題，每一個技術性的修飾都被補充進去了，而且每一個有關邏輯學的問題都被毫無疑問地解決了。然而結果絕非如此，那麼我們得到了什麼？我們得到的不僅是普通的人類思考繼續對邏輯缺乏尊重，而且邏輯學家之間也仍然存在著巨大的分歧……正如大多數教授形式邏輯學的教師一樣，我也發現

第五章　思考的核心工具箱

這是一門教授起來很難不失去自尊的學科。忽略用傳統學說來引導誠實思考所帶來的真正困難，掩飾宣稱這是一門形式一致性的邏輯學所暴露出的大量不一致性，武斷地拒絕回答那些超出邏輯學範疇而延伸到形而上學或者心理學領域的問題，以及用完全不合邏輯的方式在合乎邏輯與超出邏輯之間劃清界限，這樣的一些事情似乎經常都是很有必要去做的。我相信所有的邏輯學家都或多或少地遭遇到了這些困難，也發現了用形式邏輯自身的武器去攻擊和責難它是最容易的。」

這是一種強效藥，來自一位很厲害的藥品業務員。他是一位公認的經驗豐富的學者，也是一位經驗豐富的導師，而且更重要的是他不僅是一位邏輯學家，還是一位哲學家。為了幫助你來定位他，我告訴你他的哲學譜系師承威廉‧詹姆士（William James），他的邏輯學思想的影響力也許可以比肩約翰‧杜威（John Dewey）。他就是約翰‧克里斯托弗‧弗里德里希‧馮‧席勒（Johann Christoph Friedrich von Schiller）。接下來，我將簡要介紹席勒教授理論中的要點，而且我還會指出我認為其中哪一部分是對的，哪一部分是錯的。既然每個人都可以發現錯誤，那麼你也很可能在我評論席勒教授錯誤的內容裡發現一些我的錯誤。這是我必須面對的風險，同時這也是做判斷要面對的風險之一。

在席勒所著的《形式邏輯學》一書中，他聲稱已經能夠「推翻形式邏輯這種偽科學，並揭露出它是一個何等不一致、毫無

價值而且沒有任何意義的結構」。席勒聲稱，他不僅能夠做到這一點，而且還能夠「從形式上和辯證法上證明否定形式邏輯的論點」，為此他寫了一本 400 多頁的書。然後他又寫了第二本書，名為《實用邏輯學》，副標題是「關於唯意志論主義認識論的介紹」。在第二本書的序言中，席勒說道：「在我的《形式邏輯學》一書中，我透過挑戰作為傳統邏輯學建構基礎的基本抽象概念——意義的抽象，激進地批判傳統邏輯學。就之前對形式邏輯的毀滅性批判而言，這本書旨在成為有建設性的續篇。」

這兩部作品共同對邏輯學理論做出了最有價值的貢獻。然而，在我看來，它們無論如何都不是對形式邏輯的駁斥，甚至與形式邏輯之間不存在衝突，只不過是一種對形式邏輯用途的擴充，其方式是在一個明確的基礎上將兩個影響形式邏輯使用的因素恰當地包含在內，其中一個因素是語義學，另一個是機率論。我們已經對語義學提供了一些論述。現在我們應該關注一下機率論。

機率論的主題和研究機率論所帶來的問題都是最深奧而且最困難的。數學家們花了畢生的時間來探究它的祕密。我們對這本書的實際需求是看看我們是否能從數學家和哲學家的大量著作中提煉出一些關於機率論的簡單見解，而這些見解不需要經過詳細地研究就能應用到日常生活和思考之中。你要知道，實際上我們做的每一件事情都是基於機率而不是確定性，儘管這是生活中不可避免的狀況，為什麼很少有人能聰明地回答出

第五章　思考的核心工具箱

什麼是機率這個問題，這是一件很奇怪的事情。

我們應該停下來思考一下這個問題。在前文中，我們提到過，很多人都在進行有關高風險的思考，然而他們卻不能說出思考的工具。我們還進一步指出，也有相當多的人很隨意地來回傳遞著用思考鑄造的貨幣，也就是詞語，而這些人對貨幣的價值或者它們所代表的東西沒有明確的概念。我們將會在這本書中的另一個章節指出，分類最為重要的技巧對於很多人來說還是一個未知的謎，而且我所說的未知的謎不是指未解之謎，而是這個謎根本不可能被解開，因為我們甚至都不知道有這樣一個謎存在。

現在我們要指出的是人們根本不知道機率是什麼，然而人們的生死存亡都遵循著基於機率而做出的決定。在這本書的一開始我就表明有一些關於思考的知識是需要學習的──這些知識可以使普通人邁向更好地思考──我不得不承認當時我對這件事的陳述太過輕描淡寫。對此我必須說清楚，在這本書中到目前為止，我們都認為人們大都不顧安危地生活著，而且人們努力去熟悉思考的基本規則與其說是一種自我改進的措施，倒不如說是病人要服用藥物，因為熟悉思考的基本規則就是治療一種危及生命的疾病所需的那種藥。如果我沒有明確表達出我堅信有太多的人患有糟糕地思考這種疾病，那麼這本書就毫無意義了。我認為現在又是一個正式提出我的認知的恰當時機。我的認知是，我和其他所有人一樣，長期以來都遭受著糟糕地

思考這種疾病的折磨，而且我想我自己現在充其量也只是在恢復健康——而不是已經治癒。

我們回到那個問題：什麼是機率？如果你願意相信我的話，機率就是一個特定命題的可信性程度。就是這寥寥幾個字而已，絕對再無其他。我也嘗試過給你一個嚴格的定義，但是我希望透過進一步討論來排除任何產生誤解的可能性。據我所知，大多數人認為機率與事件發生或者不發生的可能性有關。我要重申一點，機率與此絕無任何關係。我所知道解釋清楚這一點的最好的方法之一就是引用過去的事件來舉例，讓我們從歷史領域中尋找事例。當尤利烏斯‧凱薩（Iulius Caesar）被一群元老院議員刺殺時，據說他被刺了 26 刀。現在並沒有任何科學意義上的證據來證明正確的數字到底是 26、27 還是 28。那麼問題是：這三個數字之中哪一個更有可能？尤利烏斯‧凱薩是在西元前 44 年被刺殺的。無論你現在認為他被刺了多少刀，都絲毫不會改變已經發生的事實。讓我們假設凱薩事實上被刺了 26 刀。你選擇相信是 27 刀，不會改變這個事實。然而，如果有人要寫一篇學術論文，試圖證明新發現的並且迄今為止沒有被引用過的資料顯示 27 才是正確的數字，你很可能就會相信這個研究者的話，並且從那時起就相信 27 才是正確的數字。然後你可能會說，「最近的一項研究表明，凱薩很可能是被刺了 27 刀，而不是 26 刀」。那麼從你用的是「很可能」這個詞就可以看出你所指的是可信性，而不是現實性。你說的意思是，「我相信凱薩被刺

第五章　思考的核心工具箱

了 27 刀，而不是 26 刀」。

然而出於某種奇怪的原因，當人們考慮未來而不是過去的事件時，由於未來事件的走向被認為是可變的而不是固定的，他們往往會陷入一個思考的錯誤，認為機率與事件實際上會不會發生有關，而沒有牢記機率僅僅是指事件在未來發生的可信度而已。我一直認為，如果能正確理解可能性和可信性之間的區別，就會改變很多人思考和行動的過程。

席勒對機率的關注點則是不同的。形式邏輯，至少從它的演繹方面來說，是作為一門必要而且有效的推理科學而提出的。席勒說，這簡直是荒唐可笑。在任何絕對意義上都不存在所謂必要的推理這回事。必要的推理只在某種相對意義上是必要的——也就是說，相對於說話者和他的參考系統以及聽者和他的參考系統來說才是必要的，你所能得到的只有可信度的高低而已。生活和思考的絕大部分都是基於機率而不是確定性。任何一種可供使用的推理方法的思考過程系統都應該可以得出機率性的結論。也就是說，這樣的結論儘管在形式意義上並不是必然的，但始終是可能的。事實上，席勒並沒有像上面這句話這樣精確地表達——如果他想把這一點闡述得更清楚的話，就應該會用這種精確的表達方式。

席勒坦率地承認，他至少在兩個方面都欠著威廉·詹姆士的債。席勒是一個實用主義者，而威廉·詹姆士則是一位現代的實用主義概念的偉大倡導者。席勒也是一個多元主義者，而威

廉‧詹姆士則是現代的多元主義之父。實用主義是一種態度，它隱含的意思是既然生活是有目的性的，而生活的目的就是為了更多地造福全人類，那麼除非哲學能真正教會人們在生活中如何更好地為他們自己謀福利，否則哲學就是一門空洞的學問。實用主義提倡實用性，會這樣來檢驗一個理論：這個理論有效嗎？多元主義承認實現某一目標存在多種方法，並且認為生活中最重要的與其說是找到正確的方法，不如說是找到任何可行的方法。多元主義實際上承認不同的方法在不同的時間對不同的人有幫助。

這些毫無疑問都是實用的思想，席勒作為一個務實的人喜歡這些思想，也使用這些思想，並且透過勾勒出實用主義邏輯和多元主義邏輯的輪廓而大有裨益地擴大了邏輯學的範圍。然而不管他喜不喜歡，實用主義邏輯和多元主義邏輯仍然脫胎於他自己極力反對的陳舊的形式邏輯。席勒在他所著的《實用邏輯學》一書中大約用了 450 頁的篇幅闡述了這些思想。

我感到自己對某個理論或者某一本書的簡略概述無法充分代表原作的全部意義，但是我已經非常認真地向你闡釋了一些例項。因此我可以毫無壓力地告訴你，在概述唯意志論邏輯上，我想我已經幫你從這個理論創始人的著作中省略了 850 頁的內容，還有他的先驅者和與其思想類似的同時代作者著作中更多的內容，不過幫你省略的只是旁枝末節的內容。我認為席勒的這兩本書都值得一讀，而威廉‧詹姆士的著作毫無疑問在我心

第五章　思考的核心工具箱

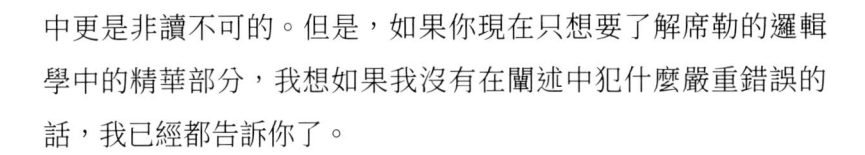

中更是非讀不可的。但是，如果你現在只想要了解席勒的邏輯學中的精華部分，我想如果我沒有在闡述中犯什麼嚴重錯誤的話，我已經都告訴你了。

第五種工具：符號邏輯

　　想要理解符號邏輯過程的意義，你必須理解邏輯學和數學之間的關係。數學是邏輯學的一種特殊形式，邏輯學是具有一般性和廣泛性的推理科學，數學則是邏輯學的一個分支，它不是用一般語言而是用特殊符號來進行運算，而且從某種程度上來說數學還有自己的特殊技巧。在代數學中，X、Y、Z是用來代表未知數的常見符號。例如 X2、X3、Xn 這樣的形式，是用來表示多個 X 相乘的概念。像 +（加）、-（減）、×（乘）、÷（除）這樣的運算符號所代表的概念需要用很多詞語來描述。因此，你可以看出數學是一種蘊含智慧的速記法。如果你想認真思考一下體現這個速記法價值的明顯例子，可以仔細想想用書面語來表達長除法過程所代表的運算的難度。非常明顯，如果不使用數學符號，用一個很大的數字除以另一個很大的數字的工作量幾乎是令人望而生畏的。

　　普通的、傳統的數學已經發展出了某些邏輯過程，這些邏輯過程特別切合數學的主題，這是最具價值的創新。符號邏輯學家提出過這樣的理論，如果這些數學符號和學科適當地應

087

用於邏輯學所包含的所有形式問題以及很多試圖解決的邏輯問題，就會取得以前更傳統並且更正統地開發數學這門學科所取得的驚人的進展一樣的成果。這個想法有可能會開花結果，但是在我看來這仍然是完全不可預測的事情。在符號邏輯中，你消除了某些語義困難，但是又引發了一些別的困難。你使用的是一種特殊的語言，它有自己的特殊價值，但是對於智力水準一般的人來說，甚至智力在一般水準以上的人來說，這種特殊的語言也存在巨大的障礙。和其他一些系統一樣，符號邏輯有著悠久的歷史。我想，從某種程度上來說，亞里斯多德可以說就是一個符號邏輯學家，儘管我認為這種說法多少帶有一點誤導。然而，他在研究某些學科時確實使用了一些數學證明和相關方法。從亞里斯多德的時代直到今天，還有很多思想家也做過同樣的事情。這些人之中沒有一個人被真正恰當地說成是一個符號邏輯學家的原因是，你認為真正的符號邏輯學家不會僅僅用數學來解決問題或者證明一個論點。他會用數學來構造一整套包含了所有其他系統的完整的、內部統一的邏輯系統。就我所知，第一個這樣做的數學家是喬治・布爾。在西元1847年至1854年之間，他發表了四部關於這個課題的著作，其中最重要的一部是《思維規律的研究》。他在這部著作中的開場白是這樣的：「下列論述的目的是研究那些進行推理的思維活動的基本規律；用微積分學的符號語言來進行表達，在此基礎上建構其邏輯方法並建立邏輯科學；使這種邏輯方法成為應用數學機率

第五章　思考的核心工具箱

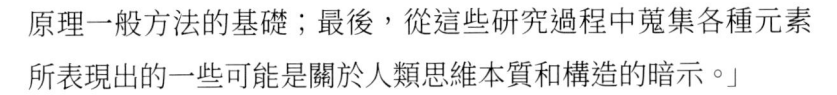

原理一般方法的基礎；最後，從這些研究過程中蒐集各種元素所表現出的一些可能是關於人類思維本質和構造的暗示。」

估計你會同意，這絕不是一個沒有雄心壯志的平庸計畫。在我看來，這個計畫的實施具備高度的內在一致性和技巧。然而我必須承認，我認為根據《思維規律的研究》這部作品所做的研究，我會發現某些既新穎又實用的思考方法，但是我一直沒有在書中找到任何這樣的思考方法。新穎的方法似乎沒有用，而實用的方法似乎又談不上新穎。

喬治・布爾的追隨者在西元 1894 年出版了一本名為《符號邏輯學》的書，作者是約翰・韋恩（John Wayne）。他用一種最費時費力的學術方法擴展了喬治・布爾的某些概念，但在我看來，他並沒有在任何方面克服我剛才所說的在讀完喬治・布爾的作品之後感受到的那種缺陷。

然後在 20 世紀，伯特蘭・羅素和阿爾弗雷德・懷特海二人創作了《數學原理》這樣一部非常出色而令人印象深刻的著作。這兩位紳士還花了大量的時間和精力，建構了一個基於他們自己的而不是之前已有的符號系統的整套符號邏輯系統。在此之前，伯特蘭・羅素還寫了另一本名為《數學原則》的書，其中陳述了一個更簡單的理論，這本書是上面說的《數學原理》這部不朽著作的前身。要學會《數學原理》這部著作中的語言將花費你相當長的時間，而要把它讀完會花費你更長的時間。我不知道你讀完第一遍之後將會有什麼收穫。如果你的反應和我差不多

的話，估計你既會感受到一種對完成這樣一本不朽著作的智力的高度崇拜，同時還會感受到一種相當堅定的信念，那就是沒有任何物質上的幫助可以使你提高個人的思考藝術，但是我知道這樣的猜測作為一種稱讚是遠遠不夠的。

《數學原理》是人類思想的偉大成就。它把所有的精神活動歸納為幾個屈指可數的原始過程，但我仍然不得不承認，當我真正體認到這個事實的時候，我對此束手無策，只是作為一個實用主義者感覺有點上當受騙而已。這就好像你要求用一張10美元的鈔票兌換價值10美元的銀幣，而銀行出納員卻給了你10張1美元的鈔票，都是嶄新的。這些鈔票完美極了。事實上，你也完全沒有上當受騙，但是你想要的是銀幣。

考慮到所有這一切，你可能會感到疑惑，我究竟為什麼要把符號邏輯算作一種思考的工具。我這麼做，首先是為了給自己一個機會來解釋邏輯學和數學之間的密切關係，並且提醒你不需要成為一個符號邏輯學家，你就能回憶起某些類型的問題的最好的解決方法是使用某種數學技巧，並據此開始行動。

我把符號邏輯算作一種思考的工具的第二個原因是，通常來說，即使一些能熟練應用符號邏輯的實踐者在思考藝術和科學領域確實做出某個出乎意料的重要發現的可能性不大，但我仍然認為這是有可能的。

我的最後一個原因是，在試圖描述整個思考活動時，我很難放棄略微展示一下對符號邏輯的好奇心，因為它是極其不同

尋常而且獨一無二的。如果你想知道這個學科能引起多麼強烈的好奇心，我可能會告訴你我們之前提到的喬治‧布爾（讓我們明確一點，儘管喬治‧布爾對一般邏輯學藝術做出的貢獻似乎很值得懷疑，但是他對數學學科做出的貢獻確實是意義非凡的。）所創立和使用的實際上是一種叫做「思考機器」的機械裝置。他把不同類型的基本命題和它們之間可能存在的連繫簡化成了一套符號，然後把這些符號輸入一臺精心製作的機器，非常類似於現代的機械控制面板，由搖桿、活塞和槓桿組成。如果你想知道一個 A 類型的命題和 B 類型的命題是否可以合理地推論出一個 C 類型的命題的結論，你需要做的就是按一些按鈕，然後拉一些槓桿，剩下的事情都由機器來完成。實際上，喬治‧布爾所希望的是推廣這種機器，以消除許多由錯誤思考而引發的人類思維的弊病。

第六種工具：連續統一體

鮑里斯‧博戈斯洛夫斯基所著的《辯論技巧》其中有一部分內容是我所知道的關於連續統一體應用於實用性思考最切合實際的解釋。這本書還有一個副標題是「動態邏輯學原理」。我想我現在幾乎可以聽見你的強烈抗議了，一個人必須學會多少門邏輯學才能學會更好地思考？然而，在這本書一開始我就提醒過你，現代邏輯學在某種程度上處於一種毫無秩序的混亂狀

態，每一個所謂的邏輯學派的領袖都聲稱自己的邏輯學不僅是最好的，而且是唯一合理的。

我在本書開頭就說過，如果你能耐心聽我講，我保證做好兩件事情。第一，我將盡可能降低這本書的學術性；第二，列出那些不同的系統之後，我還會盡力為你提供一種切實可行的調和方法，使你能夠根據每一種思考工具的用途來使用它們，並將它們融合成一個統一的推理論，或者融合成一種單獨的思考藝術。

我想引用《辯論技巧》這本書中的第一句話：「幾乎每一個對哲學、政治、教育或者任何其他所謂的不精確科學感興趣的人，對推理的局限性和低效率都曾感到深深的失望，甚至是絕望。」這句話幾乎可以說是一個希臘合唱團的一段和聲：亞里斯多德、柯日布斯基、席勒、布爾加上現在說到的博戈斯洛夫斯基，他們唱出的心聲所表達的是認為推理的低效率和以前的系統存在不足。然而有一個奇怪的事實是，如果單獨來看的話，他們之中的每一個人都是正確的。你可能會產生這樣一個大膽而又合情合理的猜測，假如在西元 4000 年出現了另一位先驅大聲唱出同樣的心聲，那麼他應該也是正確的。

你應該記得對一個哲學命題有可能提出的四種質疑中的第四種是：「你的分析是不完整的。」我要指出的是，這種質疑可以針對任何分析，因此，這種質疑所表達的意思與其說是表明不同意見，不如說是要求進一步闡明觀點。「你的分析是不完整的。」這句話永遠都是對任何一個命題的有效評論。當剛才所

第五章　思考的核心工具箱

說的亞里斯多德、柯日布斯基、席勒、布爾以及博戈斯洛夫斯基這五位思想家感到需要更好的思考方法時，他們每一位唱出的心聲所承載的都是對這種完整性的渴望。為什麼我認為調和將會有效的祕密就在於此。我想他們真正的心聲就是：「你的分析是不完整的」，但是他們通常都不會這樣表達。他們似乎總是將這句話錯誤地表達為：「你的分析是不正確的。」他們所考慮的這些不同系統事實上並不是彼此對立的，只是在彼此全盤接納上有問題而已。當我向你描述了連續統一體的性質和用途之後，我認為你會了解，如果沒有任何進一步的分析，系統之間幾乎不存在真正的對立。

我想告訴你動態邏輯學有四個原則，用博戈斯洛夫斯基的話來說就是：極性原則——「在嚴謹地思考中，每一個思維單元自身及其對立面都必須能被明確地表達出來。A 必須只能作為非 A 的對立面。」概念功能區域性性原則——「在實際推理中，一個複雜的概念在某一特定時刻從不發揮全部功能，只發揮某一方面的區域性功能。發揮哪一方面的功能取決於兩個對立的概念。假設一個概念發揮的功能體現了某種以往經驗，那麼這個概念就是兩個對立概念的其中一個極點。假設一個概念發揮的功能體現了某種現在的經驗，那麼這兩個對立概念的兩個極點與發揮功能的概念都是無關的。在有效地思考中，兩個對立的概念都必須能被明確地表達出來。」

連續性原則——「動態推理的本質是在一個思維單元的

兩個對立的極點之間建立連續性,這將使它們在定性上保持一致。有效地思考必須以對潛在連續性的一個假設作為開始,而且以實現這一假設作為目標。」

定性指標原則——「如果沒有某種定性指標,任何陳述都沒有明確的意義。在有效地推理中,任何一個思維單元定性的值都必須被明確指出,最好是以兩個對立概念的兩個極點之間的客觀連繫尺度來表達。」

這種思想確實十分奇特。博戈斯洛夫斯基想表達的到底是什麼?他的想法是這樣的:當你想到某個實詞,例如真實或者白色,那麼在你將這個詞用於一系列的思考之前,你應該立刻想到這個詞的對立面,例如虛假和黑色。你要將白色和黑色看作是一條線上對立的兩個端點,然後在這兩個端點之間對白色和黑色進行漸變地修正,從淺灰到中灰,再到深灰等等,表現出白色和黑色之間的所有色度。博戈斯洛夫斯基認為,你用灰色來描述某種事物的顏色時,應該嘗試用數學術語來描述這個顏色在以白色和黑色作為兩個極點的那條線上的精確位置。如果這條兩端是白色和黑色的線有 6 英寸(6 英寸 = 15.24 公分)長,那麼灰色最完美的色度就位於這條線的中點,也就是 3 英寸(3 英寸 = 7.62 公分)的那個點上。

當博戈斯洛夫斯基談到定性指標的時候,他試圖讓你放棄使用「灰色」這個詞,代之以這種用白色和黑色作為兩個極點的線上的中點表示灰色的符號。然而,不要將此與符號邏輯學混

第五章　思考的核心工具箱

為一談。博戈斯洛夫斯基了解符號邏輯學,但是他的系統與之完全不同,不是在程度上有差異,而是與其分屬不同類別。他說關於某一個命題是真實的還是不真實的爭論中會出現大量的誤差。他希望透過指明爭論的命題既不是真實的,也不是不真實的,來解決大多數這種爭論。這類命題中都有一定比例的部分既不是真實的,也不是不真實的,而正確理解這些部分的方法就是將其作為一個命題,找出它在兩個極點分別是真實的和不真實的那條線或者叫做連續統一體上面的精確位置。博戈斯洛夫斯基認為,可以使連續統一體更加豐富,也就是說,用以測量的刻度越小,標記的刻值的數量越多,你的推理就越有說服力。簡單來說,就是你用刻度為 1／16 英寸（1／16 英寸＝0.15875 公分）的尺來測量某個東西要比用刻度為 1／4 英寸（1／4 英寸＝0.635 公分）的尺來測量更加精確。博戈斯洛夫斯基的這個思想雖然不是包羅萬象的,但是有非常大的實用價值。我們人類正面臨著一些想要解決的問題。有一種解決問題的方式是排除問題,也就是說,透過說明其根本不是一個真正的問題來解決問題。偽問題最常見的一種形式是非此即彼問題,例如我們剛剛提到的那個問題（即某一個命題是真實的,還是不真實的）。如果你能說明這個命題既不是真實的,也不是不真實的,只不過是包含某些真實的部分和不真實的部分,又如果你能進一步證明那些真實的部分和不真實的部分到底是什麼,那你就完成了透過排除問題來解決問題這個過程。

Part 2　掌握思考的技巧

　　在我看來，博戈斯洛夫斯基的《辯論技巧》這本書很不錯。我建議你可以讀一讀。這本書的篇幅超過了 250 頁。我想我已經用 5 頁的內容向你展現了這本書的要點，但是無論如何，這都不能代替你閱讀原著。在任何一個概述或者摘要中，例如我剛剛為你就博戈斯洛夫斯基的《辯論技巧》所作的簡單介紹，你都會漏掉原著的一些語境、細節和作者的弦外之音。要是一本好書，這些部分都是值得一讀的。

關於思考工具的附言

　　我們分析的第一種思考工具是直覺工具，然後我們分析了五種有意識推理的工具，或者叫做系統。我非常有興趣繼續分析第七種工具，我將其稱為「訓練有素的直覺」。我之所以打消了這個念頭，是因為我意識到，如果你到目前為止一直都在很仔細地閱讀這本書，你就會批評我所說的「訓練有素的直覺」這種工具，並且正確地指出這是一個錯誤分類的例子。

　　就像我之前所陳述的那樣，沒有人知道直覺是什麼。我個人的理解是：直覺是由兩種或兩種以上的思維模式在潛意識層面完全交織在一起反覆執行所構成的，這些思維模式我們之前在分析意識層面的五種推理系統時曾描述過。我不確定這樣的直覺會如何限制一個人的思考，儘管我懷疑有一些比較笨的人，他們在意識層面和潛意識層面上的所有思考是不是只會透

第五章　思考的核心工具箱

過類推和演繹來完成。我想，更聰明的那一類人會加上對歸納的一些有限使用來完成思考。另外，我知道，很多確實很聰明的人無論是有意識的還是在潛意識上似乎從來沒有對不同種類的謬誤、語義困難以及連續統一體的存在持有懷疑態度。

因此，當我想把「訓練有素的直覺」作為第七種工具時，所考慮的是只使用類推過程和演繹過程的直覺與使用所有思考工具的直覺相比簡直是天淵之別，這是顯而易見的事情。毫無疑問，這兩種直覺不僅在使用過程上截然不同，而且在它們得出結論的想像力、多樣性以及可靠性上也同樣可能毫無可比性。

上面所說的第一種直覺是一切思考的泉源，第二種「訓練有素的直覺」是藝術性思考的泉源。既然目前這本書旨在試圖使人們學會更多的思考藝術，那麼你應該很容易就能理解我的想法，我無法在沒有扼要地說明「訓練有素的直覺」內在優勢的情況下結束對思考工具的討論。我再次強調，我不僅要向你指明「訓練有素的直覺」的存在，而且還要給你一些幫助自己獲得這種直覺的提示。

你必須深入思考不同的思考工具，直到你感到它們已經深深扎根於你的頭腦之中。你必須練習使用這些工具。經過很多次實踐的磨練之後，你就會逐漸發現它們正在成為思考行為中一個不可分割而且處於潛意識層面的組成部分，而不再像剛開始嘗試練習這些工具時出現刻意為之、彼此脫節等狀況了。

最後，在這一章結束之前我必須特別宣告，我已經意識到

自己列舉的思考工具可能會在兩個方面受到批評。當然，出現資訊不完整或者資訊不正確的可能性永遠存在，但儘管如此我也不希望我列舉的思考工具被批駁為資訊不完整或者資訊不正確。然而我確實期待有人批評我的分析是不正確的。正如之前所提到的，寫到這一章時，我發現自己處於這樣一種進退兩難的困境，如果我用寫給一般讀者的方式來寫，我就會被學者批駁得體無完膚，反之亦然。也許這只是一個假兩難困境，但是我不這麼認為，至少我已經解釋了我選擇一般讀者作為目標讀者的原因。請注意！我絕不是認為我的分析是不正確的。我只是以作者不恰當的方式提前駁回了我所期待的批評，我想藉此機會指出，批評我的分析不正確是可以理解的，但不一定是正當合理的。我這樣反駁的目的完全不是為了贏得辯論，而是為了幫助你解決在試圖理解思考工具時可能出現的困惑。

針對我列舉的思考工具的另一個批評，由我自己來提出：分析是不完整的。如果我了解更多的思考工具，我自然會將它們包括在內，但重要的是，在沒有任何關於其他工具的現有知識的情況下，這個工具列表就是開放的，所以如果你發現了更多工具，可以將它們新增並融入你自己的思考系統之中。

為了供你參考，我在本章結尾列出了清單：

思考工具

1. 直覺
2. 形式邏輯

3. 語義學

4. 唯意志論邏輯

5. 符號邏輯

6. 連續統一體

(7.「訓練有素的直覺」——可能是第一種工具的一個分支)

Part 2　掌握思考的技巧

第六章
提升思考能力指南

更好地思考的 6 條基本規則 —— 1. 確立最具可行性的問題優先級排序 —— 2. 陳述問題 —— 3. 將情感影響從推理過程中抽離出去 —— 4. 弄清楚是否需要更多的資料 —— 5. 觀察處理問題時的一系列基本行為 —— 6. 估算可能的解決方案中的損益因素

Part 2　掌握思考的技巧

　　初學高爾夫球的人在了解了球桿袋裡不同球桿的名稱之後，接下來就要學習所有球桿用法的基本規則，最後要學習熟練使用每種球桿的某些特殊規則。因此，一般情況下，打算提高水準的高爾夫球手必須學會始終盯著球，有節奏地揮出每一桿，而不是旋轉身體然後猛擊，並且一直堅持這些規範。而在特殊情況下，這些高爾夫球手會學習用五號鐵頭球桿揮出近穴擊、在沙坑裡打出爆炸式擊球，以及特殊地推桿。

　　這是一個近乎完美的類推。在前一章中，我們透過辨識並簡要描述思考的藝術的工具展開了關於思考的藝術的討論。在這一章中，我們將列舉一些比較重要的糾正一般思考行為的規則，這些規則可能和高爾夫球規則中要求你始終盯著球差不多。在下一章和關於思考的藝術的最後一章中，我們將給出一些使用語義學、連續統一體和其他一些思考工具獲得最佳結果的特殊規則。

　　更好地思考的基本規則的第一條是：立即確定最具可行性的問題的優先順序排序。讓我來舉例說明。我們來假設一下，出於某種不同尋常的原因，你決定閱讀荷馬史詩《伊利亞特》的希臘語版本。你必須找到一位懂希臘語且願意來教你的老師。如果想為你的希臘語課程付鐘點費，你就必須在去找這位老師之前，先得到足夠的錢。在找到這位老師之後，他很可能會告訴你，在他開始幫你上課之前，你手頭上必須有一些關於希臘語語法、作文和詞彙的課本。如果你按照指示完成了所有這些

第六章　提升思考能力指南

步驟，過一段時間之後，你就有能力去完成你最初的目的，也就是閱讀荷馬史詩《伊利亞特》的希臘語版本。但是，我們先來看看這些問題的優先順序。第一個問題：錢；第二個問題：希臘語老師；第三個問題：課本；第四個問題：閱讀荷馬史詩《伊利亞特》的希臘語版本。面對這一系列問題，只有笨蛋才會試圖透過跳過前面三個問題，直接去買一本《伊利亞特》的希臘語版本來解決這些問題。幾乎每個人都知道首先必須按照優先順序完成前面的三個步驟，也都知道如果前面這三個步驟中有任何一個沒有完成，那麼最後的目標就無法實現。如果問題的排序總是像我剛才所舉例子中的那麼簡單，可能有很多錯誤就不會發生了。然而將問題進行合理地排序是世界上最難做到的事情之一，這是一個令人感到可悲的事實，但是無論怎樣排序都比不排序要好，因此更好地思考的第一條規則絕對是確定最具可行性的問題的優先順序排序。

各種類型的企業中都有很多失敗的案例，失敗的原因主要是從來沒有理解這一點，即合理排序自身所面對的問題絕對是很有必要的。毫不誇張地說，僅僅從商業領域中我就能舉出幾百個這樣的例子。

一名採購員花費了大量時間和精力試圖說服供應商降低某種商品的價格。採購員的理由是，這種商品以根據供應商賣價所制定的零售價銷售的銷量並不理想，因此他提出，如果供應商可以降價，零售價也會相應降低，那麼銷量就會增加。根據這個

例子，我們來假設一下，如果那個供應商答應了降價的要求，然後採購員也相應地降低了零售價，這種商品以降價之後的價格銷售，然而，銷量並沒有提高，出了什麼問題？

問題在於，這名採購員的分析是錯誤的，而且錯誤地選擇了需要解決的問題。採購員認定問題是將價格降低，但當時的問題實際上不在於此。可能這種商品從本質上就不受歡迎，或是某個製造細節上有問題，或是需要透過廣告來吸引人們對這種商品的注意力，又或者是一長串可能存在的替代解決方案中的任何一種。關鍵在於我們所討論的這名採購員錯誤地選擇了需要解決的問題，並且這個問題實際上也解決了，然而結果卻是更糟糕的局面。如果他把同樣的精力和心思放在解決正確的問題而不是錯誤的問題上面，那他就會收穫頗豐，而不是浪費寶貴的時間。

我們再來舉個例子。有個孩子病得很重。他的母親去了一家藥店，要求藥劑師給她療效最快而且最可靠的治頭痛的藥，並解釋說她的孩子頭很痛。藥劑師拿出了四種評價不錯治療頭痛的藥，接下來這位母親面對的問題就是這四種藥她應該買哪一種。向藥劑師諮詢了很長時間之後，這位母親選擇其中一種藥買了下來，然後回去讓孩子吃了。白天的時候孩子的頭痛又發作了。她讓孩子吃了更多的藥使他安靜下來。結果那天晚上，孩子死了，死因是闌尾破裂。這個孩子的死也是因為他母親解決的是錯誤的問題。她花盡了心思試圖替孩子挑選正確的治頭痛

第六章　提升思考能力指南

的藥（在這個問題上，她可能已經做得很成功了），而不是立刻去請醫生來幫孩子看病。

我特意為你舉出了一些日常生活中最平常的例子，因為我希望你像我一樣意識到，思考和行動上產生如此可怕的錯誤，是錯誤的問題排序或者根本沒有排序問題所造成的後果。你並不能理直氣壯地回答說，根本不會有人愚蠢到犯下我剛才所舉例子中的那種錯誤。每一天甚至每時每刻都有人在犯這種錯誤，為了說明這一點，我幾乎可以向你保證，在某種更難以察覺的情形下，你自己也經常會犯同樣嚴重的錯誤，原因也是一樣的，只是當時你並不一定能由結果找出原因而已。

你可能還想說，我剛才所舉例子中的那種錯誤，完全沒有必要被貼上任何像錯誤的問題排序這種如此應付的標籤。你會說，我所說的那些事情無非就是愚蠢的錯誤而已。那些事情當然是愚蠢的錯誤，但是將那些事情稱為「愚蠢的錯誤」，對阻止其發生沒有任何幫助。我們經常聽到這樣的話：「你怎麼這麼笨？」或者「你犯了一個愚蠢的錯誤！」你用這樣的方式能教會別人什麼東西嗎？也許不能。如果你真想教會別人一些東西，那麼你應該做的不僅是告訴他犯的到底是什麼錯誤，還應該告訴他應該怎麼做才能避免以後不再犯類似的錯誤，而這正是我現在想要做的事情。我的意思是人們出於各種原因經常錯誤地選擇了需要解決的問題，這本身就是一個錯誤，而避免這種錯誤的方法就是在你頭腦中建立一種適當的問題優先順序排序的

概念。這樣一來，你就有可能在任何一個特定的時間點上，有一定的把握做到選擇正確的問題去解決，並且是在正確的時間去解決它。稍後我們將討論最後一個與此相關的問題，那就是以正確的方式去解決問題。

根據我的經歷，我再為你舉一個非常好的例子來說明問題排序中存在的一個很困難的問題。我很難決定，我應該先向你介紹本章中與更好地思考的基本規則有關的內容，還是先向你介紹下一章中與使用思考工具的特殊規則有關的內容。做出這個決定的困難來自於一個真正的兩難困境。如果你沒有先了解基本規則，那麼學習應用特殊規則對你來說就不一定有好處，理由很簡單，如果你能良好地思考，然而你思考的是錯誤的問題，那麼良好地思考對你也沒什麼幫助。

還有另一個方面，這也正是我面對的兩難困境之所在，一個人要正確地確定問題的優先順序排序，就必須完全理解並熟練使用思考工具。因此，在我還沒有向你解釋關於使用思考工具的規則，而這些規則在正確地確定問題的優先順序排序中必須被充分應用，我就已經將確定問題的優先順序排序作為更好地思考的第一條規則推薦給你，這樣做到底有多大的價值，的確是一個非常現實的問題。正如你所看到的，我的解決方案是先介紹基本規則，然後再讓你掌握適用於這些基本規則的一些更特殊的技巧。

我完全不能確定我這個決定是否正確，但我希望你能意識

第六章 提升思考能力指南

到,問題排序中存在的這個問題不僅像我說的那樣是一個很困難的問題,還是一個實際問題而不是理論上的問題。我的決定將產生實際結果。很多人能以某種順序來學會一些課程,但完全不能以另一種順序來學會同樣的課程,這一點已經得到了充分證明。因為這本書在教學上是一個冒險,所以如果我選擇了錯誤的課程順序,我可能就會使我的目的無法實現。我不想這麼做,因為就我個人而言,我試圖盡最大的努力來指明一個我認為十分有價值的目標。因此,當我在寫這本書時,發現自己此刻正面對著一個兩難困境時,我所做的和我建議你在類似情況下去做的事情一樣,我停下來仔細地思考,用盡我所能運用的所有思考工具,也只有在這樣做之後,我才做出了一個我現在認為有理由相信是正確的決定。我可以在這本書中用單獨一個章節來展現我做出這個決定的具體過程,但是我更願意把這個未加解釋的過程作為一個非常好的思考練習留給你去實踐。運用所有的思考工具,仔細權衡各種結果,然後看看你是否會得出和我一樣的結論。如果你這樣做了,那麼你就等於在提升問題優先順序排序的技巧上得到了一個非常好的小鍛鍊。

我在這本書其他章節曾經說過,柏拉圖和亞里斯多德以及在他們之前和之後的很多哲學家,都花了很多時間和精力來思考這個問題優先順序排序的問題,跟隨他們的腳步來開始你對這個問題的思考是最好的選擇。他們是從這個問題開始的:「什麼是人類的最高利益?」他們明白在問題的整體排序中,如果你

能合理地確定什麼是人類的最高利益，那麼你就會發現，列舉出那些較次要的利益，描述它們彼此之間的關係以及它們與最高利益之間的關係是有可能的，而且也更容易做到。

這是能夠做到的最基本的問題排序。按照通常的說法，對於這個問題的理解其實也決定了你究竟希望從生活中得到什麼。即使是最小的、最無關緊要的行動，也應該有一個控制方案。行動在相當程度上意味著努力。除非有某種目的，否則付出努力就是很不明智的行為。付出實現一個更大的目標所需的代價來完成一個小目標也是很不明智的行為。如果你知道了人類的最高利益是什麼，也就是說你知道了自己更大的目標是什麼，你就要拿出最保險的策略，以防止你自己進行任何一種在實現其直接目的時，阻礙你實現另一個更重要目的的行為。

相比我們自己的教育而言，我們在教育孩子的時候似乎能更好地領會上面所說的這個規則。對我們來說，告訴孩子不要吃太多冰淇淋否則就會胃痛，並不需要多高的腦力。也就是說，在完成吃太多冰淇淋這個小目標的同時，會導致無法實現避免生病這個更大的目標——在這個情況下就是避免胃痛。但當涉及我們自己的情況時，作為成年人我們並不總是能這麼明智。例如，良好地閱讀會帶來益處，但是我們都知道很多成年人屈服於他們天生的懶惰傾向而放棄了良好地閱讀，也就是放棄了獲得知識從而帶來的更大好處，在他們的問題排序中，放棄懶惰充其量只能帶來一點點好處。就我個人而言，這個閱讀的例子

和孩子吃冰淇淋的例子並沒有什麼太大的不同。

我相信我已經完全使你相信更好地思考的第一條基本規則，即確定問題的優先順序排序有其正確性和必要性。關於如何去做，我可以給你一些簡單的建議：用直覺來確定，或者不管用哪種方式，用你的最佳思考方式來確定，想一想對你來說生活中真正重要的事情到底是什麼。請記住，當今人類的平均壽命是 65 歲 [02]，而你能活到 80 歲甚至更久也是有可能的。不要對你希望從生活中得到什麼做出一個存在局限性的判斷。你在接下來的 10 年或 15 年之中想要的是什麼，很可能就是你心中最重要的事情。然而這是解決問題的錯誤方法。不要從這個角度去考慮，試著確定你整個人生自始至終想要的到底是什麼。如果你列出一個合適的清單，其中主要因素的數量應該屈指可數。事實上，只可能有兩個主要目標：一個是幸福，另一個是問心無愧。前者屬於哲學範疇，後者屬於宗教的參考系統。我將把第一個目標，也就是幸福作為我的論述對象。你所希望得到的全部幸福中還有哪些方面的幸福是你暫時缺失的，這個問題對你來說應該不會太難回答。你的一部分清單或許與婚姻、孩子和朋友這樣的一些人際關係有關；一部分或許與物質利益有關，例如得到金錢和財產；一部分或許與你可能從適當的體力鍛鍊和智力鍛鍊中獲得的審美滿足有關。

上面這些是我向你推薦的一組非常簡單的分類清單，列出

---

[02] 這裡指 20 世紀上半葉。——譯者注

的內容非常有限，但是我認為你已經明白了我的意思。當你確立了你的生活中這樣一些基本目標以及它們彼此之間的關係之後，你會發現它們之間存在某些衝突。例如，你既想要金錢，又想要名譽（這裡指的是你得到同時代人的尊重），這就可能會有衝突。如果你透過竊盜來得到金錢，那你肯定會冒著喪失名譽的風險。如果你不想竊盜，那你應該就是大多數發現自己不能得到很多金錢的人之一。就我們現在進行的這個討論的目的而言，我對所涉及的道德問題毫無任何興趣。這本書是關於思考的，而不是關於倫理學的，而且我只是簡單地向你指出一個合乎邏輯的結果，在確定問題的優先順序排序上，拋開所有關於良心的問題，你可以在得到金錢但得不到名譽和得到名譽但得不到金錢之間做出一個理性的選擇。而我忍不住要指出，從邏輯範疇上來說，你最好選擇後者，也就是得到名譽但得不到金錢。

有一件十分有趣的事情，那就是正確的結論在不同的領域中往往會完全一致，而且一貫如此。哲學家認為，在問題的優先順序排序中，倫理美德勝於理智。邏輯學家也可以得出同樣的結論，儘管可能是透過不同的途徑。心理學家認為人們好好地融入群體是心理健康的一個基本因素。用心理學家的話來說能「好好地融入群體」的人，有一個本質特徵是成功地建立了他自己合理的問題優先順序排序，而我通常會說，首先要承認倫理美德是最為重要的。

當然，聰明的人會不斷地重新排列他們問題等級排序中的某些部分。不斷增長的智慧、變化的欲望和變化的環境，這三個因素不斷地在發揮作用，同時也不斷地要求人們在問題優先順序排序上必須做出一些改變。

因此，關於建立問題的等級排序有三件事要做：第一，如果你還沒有問題排序的方案，那就立刻制定一個方案。第二，用你所擁有的思考工具和技巧來檢驗這個方案的有效性。第三，終其一生不斷地調整你的方案。我想我還應該加上一條。第四，使用你的方案。

從面對很多問題時需要解決的共性問題中，我們推斷出了第一個基本規則是確定問題優先順序排序，現在要繼續推斷出面對某一個問題時需要解決的具體問題。想像你現在正面對著一個特定的具體問題。在試圖解決這個問題時，你應該遵循的基本規則都有哪些？是否也必須像第一條基本規則所描述的建立確定不可或缺的問題優先順序排序一樣，確定這些規則的優先順序排序？我們將依次解答這些問題。

更好地思考的第二條基本規則是：陳述你的問題。除非你遵循第二條基本規則，否則要藝術性思考任何一個問題都是不可能的。完全不陳述問題，更不用說正確地陳述問題，在這種情況下問題也有可能被解決，但是這樣的過程絕非藝術性思考的過程。我似乎聽到你正在心裡這麼說：「只要我能得到正確答案，我還會在乎什麼別的事情嗎？」所以我要馬上提醒你，正

如亞里斯多德所說的「一燕不成夏」[03]，而且一個僥倖和偶然的正確答案並不意味著正確地思考。針對這件事情，你必須完全遵循希臘人對此持有的態度。你要堅信，在思考中做事情的方式──這種良好的做事方式──不是一種學術上的癖好，也不是一種沒事找事的古怪念頭，而是通往理智的道路。

有一次，我走進一個會議室，一群高級主管正在討論一個大型商店由來已久的經營問題：如何才能提高銷售人員的銷售業績？當時爭論的焦點是對於支付所有銷售人員的銷售佣金，商店是應該始終使用同一個體系，還是應該使用幾個不同的體系。當爭論進行到一半時，我坐下來聽了幾分鐘，然後請他們陳述這個問題。他們陳述的問題和我剛才所說的一樣：是使用同一個體系還是幾個不同的體系來支付銷售人員的銷售佣金。

到那時為止，這個問題還沒有被具體說明。正如經常發生的情況一樣，談話快速地從這些高級主管討論的某一個問題跳到了另一個問題，而且只是在偶然的情況下才會專注於某個特定的問題。當他們停止爭論並陳述了問題之後，某些事情立刻就變得顯而易見了。這就是用陳述問題取代含糊不清地爭論所產生的功效。陳述某個問題的行為實際上促使你必須去做一些有利於解決這個問題的事情。可能會促使你去做的第一件事情是，你必須問自己：你陳述這個問題的形式是否具備任何意義。

---

[03] 亞里斯多德在《尼各馬可倫理學》裡說："One swallow does not make a spring"，比喻憑個別現象草率下判斷是不明智的。──譯者注

第六章　提升思考能力指南

比如這些高級主管討論的這個特定的問題，如果用上文中那種措辭來陳述，實際上沒有任何意義。他們的陳述就像是在問：一個人應該喜歡布魯克虹鱒魚還是喜歡網球？一家商店對銷售人員實行同一種獎勵體系或者幾種不同的獎勵體系，這兩種方案都沒有固有的益處。無論這些高級主管以何種方式解決了這個特定的問題，這家商店都不可能真正獲得益處。他們只會成功地將支持或反對實行某種獎勵體系的這種多數人的偏見記錄下來。你會注意到，在這個問題被陳述之前，無法證明這個討論中的問題是沒有任何意義的這個事實。

我碰巧知道這場討論主要的話題是提高銷售業績，所以在這些高級主管陳述了焦點問題是要在獎勵方式上達成一致之後，我問他們，如果他們問自己一個更普遍的問題，也就是所有獎勵銷售人員的方式與提高銷售業績這個目標之間可能存在怎樣的關係，他們是否會認為問這個問題並不能使他們的難題更快解決？思考這個問題是為了準備建立一個問題優先順序排序。我們繼續展開這個論題，然後確立了一個相當完整的優先順序排序。差不多是這個思路：提高銷售業績涉及若干可變因素，例如待售商品的展示方式、布局等等。然而，在我們所考慮的這個特定問題中，我們研究的是假設除了銷售人員之外所有可變因素都是固定不變的情況下，將銷售人員的相關問題當成一個問題來處理。這就等於將這個特定問題細分後，選擇與銷售人員有關的問題作為一個獨立的子問題來解決。下面就是

他們為了確定與提高銷售業績這個議題相關的問題優先順序排序而最終列出的清單。

提高銷售業績

挑選最優秀的銷售人員；然後，

I. 陳述目標：每一名銷售人員的收入總額最大化

II. 提供足夠的獎勵以確保銷售人員對這一目標的渴望最大化

III. 為銷售人員實現這一目標提供最有利的條件，銷售人員在提高工作效率的同時也要符合商店的策略中的下列這些基本要求：

I. 客戶美譽度最大化

II. 員工福利最大化

III. 合理保護商店利潤

上述清單中提出的每個主要問題都被擴展為一系列子問題。

因此，對於挑選最優秀的銷售人員這個問題，也應該被擴展為與人員水準、工作經驗、積極性以及特殊技能等其他方面有關的子問題，還需要包括這些方面的相對重要程度，這些都應該出現在圖表中。對於獎勵這個問題，金錢獎勵應該列為一組，證券獎勵應該列為另一組，晉升前景和表彰個人成就都應該列為除此之外的一組。最後，一個相當完整的問題等級體系

被清晰地表達出來,有用的解決方法很快就會呈現出來。所有這一切都是透過首先堅持陳述問題才得以實現的。

我們剛才說到,透過陳述一個問題,你幾乎不得不思考這個問題的幾個要點,其中的一個要點就是,「你陳述這個問題的形式有什麼意義嗎?」一旦問題陳述完畢,你還應該提出其他的問題。你當然應該問,「這個問題值得去解決嗎?」這是一種不可或缺的檢驗過程。嚴格來說,在決定一個問題是否值得去解決的過程中,你所面對的實際上是一個投資問題。一個問題的每一種解決方案都需要投入時間和精力,可能還要投入一些別的東西,比如金錢。如果同等地投入這些有形資產和無形資產能夠解決某個其他的問題,而解決其他的問題將產生更大的效益,那麼你就可以假定當前所面對的那個問題已經被證明不值得去解決了。

以一位高中老師為例,她聽某人說教室裡的照明是一個很重要的因素。她的常識告訴她,自己教室裡的照明是完全足夠的,但她認為無論如何最好還是測量一下流明。她請來一位照明工程師,這位工程師告訴她教室裡的照明確實是足夠的,但是他還知道一種改進的方法,可以稍稍提高流明,而且花費很少。於是這位老師去找校長,然後和校長一起非常詳細地研究是否請照明工程師改進。

然而所有這一切完全是浪費時間。就算實現了一部分改進,能夠產生的好處也到不了值得考慮的程度。如果這位老師哪

怕能稍微理智一些,她就應該將同樣的時間和精力用來幫助一個學生,或者努力使自己成為一名更優秀的老師。對我來說,想想到底有多少人花費如此多的精力去解決那些優先順序排序錯誤的問題實在是鬱悶不已。解決這樣的一些問題可以產生少許效益,但即便如此,這些問題在所有問題中仍然是微不足道的,根本沒有必要去解決它們。

更好地思考的第三條基本規則是:在你努力獲得正確解決方案的過程中,盡可能將所有情感影響從任何理性思考過程中抽離出去。你不能用你的欲望來思考,但是很多人都這樣做過,其結果都是可悲的。根據個人欲望來思考是一種普遍存在的弱點,體現了人類本性:人們非常認真地思考自己各式各樣的喜好、厭惡、期望、畏懼、歧視和迷戀,試圖透過這種方式得出問題的答案。現在你一定要細心地注意到一個至關重要的區別。我並不是說,「從你的最終結論中完全排除情感因素。」我說的是,「盡可能將所有情感影響從任何理性思考過程中抽離出去,然後再加上這一句話,在你得出最終結論的過程中,你要理智地決定情感和理性這兩種力量應該各占多大的比重。」

更好地思考的第四條基本規則是:陳述關於資料方面的情況。任何問題的解決方案都需要一定數量的相關資料。你必須問問自己,你已經獲得了多少相關資料:有多少是容易獲得的,例如從書、文件、其他人的思想或者其他一些形式中獲得的;有多少雖然不容易獲得,但仍然有可能獲得;另外還有多少相

關資料實際上是透過所有可行的方法都無法獲得的。關於資料，你不僅要了解自己已經獲得和能夠獲得多少相關的資料，還要弄清楚這些資料的可靠性和準確性以及它們是否具備可用的形式。上面這幾條要求都是為了保證你在思考過程中避免由於資訊不完整或者資訊不正確所導致的錯誤，除了這些要求你還要考慮自己獲得的資料是否值得處理，因為我們前面提到過考慮投入時間可能存在的增量是很有必要的。獲得必要的準確的資料需要花費的時間要占為了解決問題所投入的時間的一部分。

更好地思考的第五條基本規則是：在處理問題時要遵循固定的基本行為順序。順序如下：

1. 制定必需的、恰當的解決方案（見下一章「思考工具的選擇和使用的特殊規則」）；

2. 陳述一個或多個試驗性的解決方案；

3. 選擇一個試驗性的解決方案；

4. 檢驗解決方案所有可行的理論；

5. 使解決方案與你設計的問題優先順序排序相關聯；

6. 根據整體計畫的要求，修改解決方案；

7. 盡可能建立一套能夠判定你的解決方案正確與否的評估體系；

8. 盡可能建立一套事前評估體系，這樣一來，當你的解決方案最終真正地付諸實際檢驗時，你就能準確判斷方案實施的

效果。

我認為當你嘗試以這一基本行為順序來處理問題時,它的意義將是不言而喻的,我相信會為你節省大量的時間,同時還會帶來一些其他的好處。

更好地思考的第六條基本規則是:盡你所能仔細估算可能實施的解決方案的損益因素,並且預先設計出在解決方案失敗的情況下的行動方針。儘管我認為任何一個職業賭徒只要一聽這段話馬上就能明白我想表達的意思,但我最好還是解釋一下這條規則。

我們不妨就從賭博的角度來討論第六條基本規則。你口袋裡放著 50 美元走進了蒙特卡洛賭場。你決定玩玩輪盤賭,在估算輸贏機率時,首先要做的事情就是搞清楚一個事實,那就是輪盤上一共有 37 個數字,你可以在任意一個數字上押注,但是,當你押中了的時候,只能贏回 36 倍的賭注。這就意味著如果你連續 37 次在同一個數字上押注 1 美元,在完全符合機率法則的情況下,你確定無疑會輸掉 1 美元。因此,只要你重複這樣做的次數足夠多,那你想輸多少錢就能輸多少錢。而另一方面,在一個兩三個小時的夜場賭局中,幾乎不可能出現完全符合機率法則的情況,所以,如果你的運氣不好,你的損失可能會比確切的莊家賠率高得多;如果你的運氣好到一定程度,那你肯定會贏。

如果你的口袋裡只有 50 美元,既然知道自己很有可能會

第六章　提升思考能力指南

是輸家，那麼事先適當地估算一下賭博輸贏的可能性，然後再決定，為了獲得一個夜場賭局可能會給你帶來的樂趣，你準備承受多少損失來當作交換，我想這樣做對你來說應該是最理想的。這就像買票看電影一樣。你覺得晚上看電影帶給你的樂趣值 5 美元、10 美元還是 50 美元？

我們再來把情況複雜化一點。你口袋裡的這 50 美元實際上是你最後的全部家當。如果不去賭博，你可以讓家人多寄點錢過來，剩下的錢還足以支撐你維持生活直到家人寄錢過來，這樣你就有路費可以回家了。而另一種情況，如果你有 100 美元，不用找家裡要錢就可以自己回家。在這種情況下，如果你走進賭場，決定要麼贏回 100 美元，要麼把錢輸光，但是你沒有遵循上文中第六條規則的其中一部分——預先設計出在解決方案失敗的情況下的行動方針。你沒有為自己準備一個在冒險行為對你不利的情況下可以實施的行動方針，所以最後的結局不是贏了 100 美元，而是一無所有。

在本章結束之前，我還想提出最後一條建議，我認為將這一條放置到更好地思考的基本規則之一的地位並不太合理，不過它包含一句很有用的格言。如果面對某些問題時，經過適當的研究，找到了一個正確的解決方案，然後這個解決方案被執行了，但是方案的執行被證明是失敗的，那麼人們都會明顯傾向於認為這個解決方案肯定是錯的。然而這並不一定是事實，實際上情況通常恰恰相反。我提醒你注意的這種危險是一個不

根據前提的推理謬誤特有的例子。推理過程是：我們得到了一個問題的解決方案，但是它並不奏效；因此，這個解決方案肯定是錯誤的。但事實往往並非如此，事實不是解決方案錯誤，而是方案執行上存在錯誤，或許有缺陷，又或者不符合標準。在這種情況下，如果你錯誤地將失敗歸因於解決方案本身而不是錯誤地執行，那麼接下來你很可能會去做一些全然徒勞無功的事情，你會把問題重新擺在面前並且試圖找到另一個解決方案，然而你所找到的解決方案必然是錯誤的。

我認為應該引用亞里斯多德說過的一句話作為本章的結束，這句話十分貼切：「謬誤有多種多樣（如同畢達哥拉斯學派所列舉的十對對立範疇一樣，惡屬於無限者，而善屬於有限者），而正確卻只有一種（這就是為什麼失敗容易成功難，脫靶容易中靶難的緣故）……人們為善的道路只有一條，而作惡的道路卻可以有許多條。」

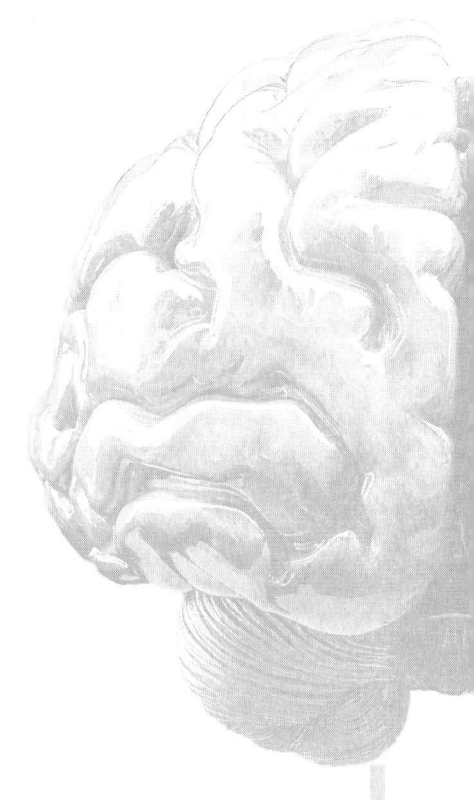

第七章
精準運用思考工具

某種情況下的固定因素：問題的陳述和資料 —— 可變因素：選擇可將資料整理成模式的思考工具 —— 只使用直覺還是使用直覺加上其他工具 —— 解決方案中的典型困難 —— 情感偏見的危險 —— 語義困難 —— 形式邏輯助你尋找正解 —— 三段論陷阱 —— 關於實踐歸納的論述 —— 針對過分簡單化的警告

Part 2　掌握思考的技巧

　　在本章中，我們將探討這樣一種情況，我們假定這種情況包括三個因素——兩個不變的固定因素和一個可變因素。兩個固定因素分別是：一、問題的陳述；二、資料，從中可以獲得解決方案的資料。可變因素與選擇用於將資料整理成模式的思考工具以及藝術性地使用這些工具有關。

　　那麼如果現在給你一個需要解決的問題、大量的相關資料，但是沒有任何可能進一步獲得有關該問題的額外資訊，在這種情況下，你會首先使用什麼思考工具？答案是直覺。這裡涉及一個令人費解的怪現象。在處理一個問題時，你第一次使用你的直覺作為用來解決問題的首選工具。

　　問題有兩種解決方式：完全透過使用直覺來解決，或者透過將直覺與前文中所列出的五種有意識推理的工具中的一種或多種結合在一起來解決。有些問題可能只需要透過直覺來解決；而有些問題在最初使用直覺選擇工具之後，可能主要透過使用五種有意識推理工具中的一種或多種工具來解決；還有些問題則需要使用所有的工具，尤其要注意你的思考工具清單中所附帶的第七種工具。

　　首先要決定的是單純依靠直覺還是要使用直覺結合其他思考工具。如果你所面對的是一個很緊急的問題，因此幾乎沒有時間去進行細緻而費力地有意識的推理過程，那就乾脆一些，單純靠直覺去解決。同樣，如果你面對一個不會因為你的決定而帶來什麼嚴重影響的問題，那就也別猶豫了，透過直覺去解

第七章　精準運用思考工具

決。還有，如果一個問題的科學解決方案所需的大部分相關資料無法獲得，那麼也透過直覺去解決。

現在我們來考慮與上面這幾條規則相關的情況。如果解決一個問題可用的相關資料很充足，你的決定會產生嚴重的影響，你也有足夠的時間進行推理分析，那就絕對不要單純透過直覺來解決問題。此外，還有兩種情況，即使你的決定並不會帶來什麼嚴重影響，也應該使用有意識的推理過程。其中一種情況是，你解決問題時帶有教育目的，想要教別人如何做出決定；另一種情況是，你希望別人來執行你的決定，聰明地理解決定中的基本原則對聰明地執行決定來說是不可或缺的。

如果一定要單純透過直覺來解決問題，那麼我想不出什麼真正有價值的方法來指導你透過直覺實現你想要的結果。有些人認為沉默地祈禱很靈驗，還有一些人認為應該盡可能在月圓時分將象徵幸運的兔子腳掛在脖子上的時候去做決定。對此，我想最好還是讓你自己去拿主意。我可以告訴你，要自覺反省，並且用你所知道的方式使你潛意識中未受約束的思考模式盡可能自由運轉。但是不管怎樣，個人有效地啟動這個機制使其進入運轉狀態的具體方法是很微妙的且因人而異——而當你決定透過直覺來解決問題之後，你必須擁有自己的一套方法，使你能有效地啟動這個機制並且進入最佳運轉狀態，就像我說的，讓車輪轉動起來。

在其他章節中，我已經提到過一些我認為你可以採取的步

驟，現在必須加上這一條：你要用相當長的一段時間來鍛鍊你的直覺能力，並且從這些鍛鍊中盡可能累積富有創造力的、豐富多樣的經驗。因此，在本章中，關於思考工具的選擇和使用，我要給你們的大多數忠告都和五種有意識的推理工具有關。

如果你決定將直覺和有意識的推理過程結合在一起來解決所面對的問題，那麼我建議第一步是：將所有很可能與問題有關的資料都納入你的有意識思考的層面上。對於極其簡單的問題，完成這一步可能花不了幾分鐘，而對於複雜的問題，可能需要投入幾個小時甚至幾天的時間。

接下來的一步是按前文中的規則來處理問題，並將這個問題納入與其相關的問題優先順序排序中，尋找一個小型的參考系統。那麼到目前為止，你已經實施了上一章中提到的第一條和第二條規則，現在你需要考慮選擇思考工具了。

你的第一選擇應該是第三種思考工具──語義學。這是一種檢測你對問題的陳述是否恰當的工具。詞語代表事物，但是詞語並不是它們所代表的事物，而僅僅是這些事物的符號。作為符號，詞語至少省略和曲解了所代表事物的某些特性。你必須首先意識到那些用來陳述問題的詞語省略和曲解了哪些內容，這樣才能好好地判斷這些詞語所剩餘的語義是否足以陳述問題。

現在請思考這樣一個問題：在第二次世界大戰中，美國是否應該幫助盟軍對抗德國？我曾聽到人們就此爭論好幾個小時，

第七章　精準運用思考工具

最後的結論卻只是說看如何定義「幫助」這個詞。爭論開始的時候，通常有一方認為美國如果需要派遣士兵的話，那麼美國就不應該提供幫助；而另一方則認為如果只需要提供金錢和物資給養，那麼這種幫助是可以的。於是就有一方會列出一系列美國應該提供幫助的觀點：因為民主的原則存在爭議，美國可以獲得對自己有利的物質等等。而另一方則提出了有關孤立主義標準的理由，美國置身於歐洲事務之外，美國國內已經有不少自顧不暇的麻煩了，並斷言如果換位思考的話，盟軍是不會幫助美國的等等。這種純粹由語義困難而引起的爭論是司空見慣的。倘若稍微花點時間注意陳述問題時的措辭就可以最大限度地降低這種語義理解所導致的困境，消除這種無謂的爭論。

然而當這種語義困難觸及根深蒂固的情感偏見時，要消除這些語義困難就會難上加難。比如有一個問題是這樣的：在戰爭時期，是否每一個思維正常、身體健康的成年人都應該上戰場去保衛他們的祖國？這個問題明顯是圍繞著「思維正常」一詞的，毫無疑問，我們顯然會發現大多數人都會認為這句話是不言自明的，是不可侵犯的真理，如果這時一定要對「思維正常」一詞做出理智冷靜的推敲顯然是令人厭惡的。他們對所有針對這一陳述的正當分析都心存厭惡，甚至對探討詞語語義這一明顯無害的過程也深惡痛絕。如果你對堅持這種觀點的人說：「你認為『思維正常』是什麼意思？」想必他會帶著憤怒的語氣回答你說：「你認為『思維正常』是什麼意思，我就認為是什麼意

Part 2　掌握思考的技巧

思──你這不是沒事找事嗎？」

你會發現在任何詞語中，語義困難和人的情感偏見之間的關聯越深，在嘗試進行任何分析之前，就越有必要確定這個詞與所代表的實際事物之間的真正連繫。對於某些特定的人來說，有些詞或片語的情感綁架已經變得非常嚴重，他們簡直就是精神錯亂。我這裡說的「錯亂」指的並不是一個人古怪反常，而是瘋狂。有一些案例記錄了透過消除語義困難治癒了真正意義上精神錯亂的人，真是令人震驚。如果你好好想一想，就會發現這的確令人印象深刻。要知道理智和精神錯亂的分界線並不是那麼涇渭分明，而是像髮絲那樣細微。我們並不會因為一個人基於語義困難而持有錯誤觀點就說他是瘋子，但是如果有人因為他的用詞受了委屈，於是就殺了對方，那麼在這種情況下，我們可能會認為這個人在實施謀殺時一定是暫時性瘋了。

請不要誤解我的意思，我並不是說所有這類謀殺都是因為語義困難造成的。我是說在某些情況下確實如此，我用這個相當偏激的例子是想表明持有錯誤的觀點是很危險的，有時會導致悲慘的後果。如果錯誤的觀點僅僅是基於語義困難，那可真是不可原諒的，糾正語義困難其實並不是難以解決的大麻煩，只要人們願意解決在了解語義學基本性質的過程中遇到的小麻煩。

假設我們已經檢查了對某個問題的陳述，接下來會有兩種情況：一種是其中沒有任何具有危險性的語義困難；另一種情

第七章　精準運用思考工具

況是有語義困難,但我們可以透過重新陳述來消除語義困難。現在我們可以做好準備,從剩下的四種思考工具中選擇一種來整理資料以及找出解決方案了。如果你是一位思考藝術家,那麼這個選擇並不算至關重要,因為就算選錯了工具,你也很容易在進行深入分析之前知道這個錯誤。對於真正的藝術性思考者來說,還有一層更可靠的安全保障。接下來,我想向你說說技藝高超的橋牌玩家在牌局中是什麼樣的,我說完之後,你就會明白我是什麼意思了。

當一個技藝高超的橋牌玩家抬手叫牌時,他往往會進行非常複雜的思考。在這裡我不關心他對比分狀態以及牌桌上其他玩家能力和特點的分析。我所關注的是,他會盡可能地根據機率的指引來分析其他玩家手上的牌,暗暗思索:「如果我按自己所猜測的牌的分配來叫牌,那麼莊家應該怎麼出牌呢?」如果有兩三種叫牌的方法,這種情況下高手玩家會在心裡把這三種叫牌的走勢全部都推演一遍,以便看出哪一種叫牌的得分是最佳的選擇,然後他會選那個最佳的方法叫牌。

真正的藝術性思考者為解決某一特定問題選擇思考工具時,也會進行這種類似的思考。他會迅速分析選擇四種工具的最初情形,以此判斷出哪一種工具更能助他走向成功。這是一種相當先進的思維方式,在確信能夠熟練運用它之前,我們最好還是利用一些經驗法則來幫我們盡可能先選出正確的思考工具。

如果你的目標是不容辯駁的,你的解決方案必須經得起嚴

格的推敲質疑，經得起嚴謹的科學論證，那麼你的第一選擇應該是形式邏輯。稍後我們再來進一步討論，在形式邏輯中，你應該選擇用語言來表達還是數學模型來表達。而另一方面，如果你需要你那令人滿意的解決方案具有一定的可信度的話，那你可以選擇從唯意志論邏輯或連續統一體入手。

首先你需要一個明確的解決方案，而不僅僅是一個可能的解決方案。你也許認為你的直覺會準確地告訴你，這個問題是不是一個應該透過邏輯或者數學的方法來解決的問題。然而事實並非如此，如果你的直覺能力和大家差不多，那麼它會告訴你用數學來回答那些諸如「有多少」、「價格多少」這樣的定量問題，把諸如「哪個」、「是什麼」這種定性範疇的問題留給普通邏輯去回答。因此有一點會對你非常有用，那就是實際上所有的符號邏輯和相當一部分可用的普通數學都與定性問題而不是定量問題的解決方案的過程有關。所有這種情況在下面這類問題中十分明顯。

假設你繼承了一家工廠，該工廠是生產羽絨被的。你發現工廠的效益不太好，於是你產生了一個疑問：「這個工廠還能生產其他種類的被子嗎？」你很快了解到它還可以生產羊毛被和棉被，但是你又發現因為某些特定的原因，棉被並不能為你帶來任何利益，於是現在擺在你面前的問題就成了：「我的工廠到底應該生產哪種被子，羽絨的還是羊毛的？」現在得到答案的適當方式是進行一項統計研究，你會發現羊毛被的銷量是羽絨被的

第七章　精準運用思考工具

幾百倍。由此，你得出結論：「我要在我的工廠裡生產羊毛被。」在這裡需要注意的一點是，除了進行通常幾乎能解決所有問題都必需的邏輯過程之外，你還有效地利用了統計學或數學來幫助你解決困難。關於這個例子，我還想指出另一件需要注意的事情，那就是這個問題的陳述可能涉及一個假兩難困境，因為你最終的正確決定也可能是依照大眾需要的比例同時生產羊毛被和羽絨被。

如果你接受過普通水準的數學教育，你就可以從數學課本上獲得一些標準的統計學方法，基於你對數學的理解，這種非常有用的擴展是很容易做到的。即便只是淺嘗輒止地學習數學課本，只要這些數學知識被引用到適當的統計學方法上，也能夠幫助你解決許多超出你的數學知識範圍外的問題。

讓我們想像一下，你現在所面對的問題更需要一個明確的解決方案，而不是可能的解決方案，但是這個問題的解決方案並不受數學方法的影響。因此你只能退而求其次，使用形式邏輯。那麼你該如何著手呢？如果你打算嚴格地將自己限制在三段論推理中，那麼你就應該做一件重要的事情，這件事超出了三段論規則的慣例範圍。那就是你必須對你的推理鏈所依據的每一個三段論都極為仔細地檢查你的第一前提即大前提的正確性。我們以一位僱主為例，他接到了工會的正式通知，要求他為一定數量的僱員和工會簽署一份合約。倘若這位僱主是一個對工會持有根深蒂固的敵意的人，費盡心思想要成為工會的剋

星。那麼如果把這個工會剋星的推理變成三段論形式,他可能會這麼說:「所有的工會都是我的天敵。凡是提出要求的團體組織就是工會。因此,這個團體組織就是我的天敵。」然後他接下來的一個三段論可能是這樣的:「與天敵之間往來,唯一可取的做法就是與之戰鬥。工會是我的天敵。因此,我要與之戰鬥。」他的第三個三段論可能是這樣的:「如果你處在戰鬥中,那就要使用你手頭上所有的武器。我現在正處在戰鬥中。因此,我要使用我手頭上所有的武器。」好了,我想你應該知道這種推論的導向是什麼——某些相當欠考慮、剛愎自用的行為,而且有時候甚至是使人追悔莫及的行為。然而,如果你去單獨審視我剛才所提出的那三個三段論,你會發現它們並沒有任何謬誤,既找不出形式謬誤,也找不出實質謬誤。它們符合三段論的所有規則。如果說它們在哪方面存在問題的話,那麼問題就在於這三個三段論各自的第一前提即大前提全部都是錯誤的。

在使用三段論的時候,永遠不要忘記你正在使用的是「假設」的推理形式。如果你最初的前提是合理的,那麼你遵循三段論規則所得出的結論也將是合理的。但如果你根本沒有質疑你的第一前提即大前提,並且沒有盡你所能對其檢驗,那麼你絕對不能就這樣草率地認可它的合理性。你需要檢驗你的第一前提陳述的新問題。因此,在我上文中提到的那三個三段論中,那位僱主應該問自己一個問題:「所有的工會確實都是僱主的天敵嗎?」然後他必須努力建構一個合理的三段論來證明自己的陳

述。如果他做不到這一點,那麼至少也必須設法找到一些可能成立的理由來支持他的這個大前提。如果他既無法建構合理的三段論,也無法找到可能成立的理由,那他就必須放棄自己的這個大前提,除非他準備刻意為之,要以個人情感為依據,而不是以合理的理由為基礎來堅持他的這個大前提。最後,如果他準備按照一個非理性的前提來採取行動,那麼毫無疑問,他同樣也要準備承擔這種選擇可能會帶來的惡果。

因為思考充滿著危險,所以在此我也應該向你指出,我正在推薦給你的這種思考方式之中同樣存在危險。這種危險被邏輯學家稱為「無窮倒退」。我們假設那個僱主聽從了我們的指示,並試圖為他的「所有工會都是僱主的天敵」這一斷言找到理由。假設他真的建構了一個三段論來證明這一斷言,那麼這個三段論會是這樣的:「如果某種條件成立,那麼所有的工會就都是僱主的天敵。」如果我們要和這個人爭論,我們可能會說:「你的三段論是完全正確的,但是現在你必須建構一個新的三段論來證明你的第一前提與『如果某種條件成立』之間相關聯的合理性。」而這個過程可以無限地繼續下去,結果會導致推理的過程無法沿著其自身應有的方向前進,反而變成了在不斷質疑每一個新出現的三段論的第一前提是否有根據的過程中無限倒退。當面對任何一個已經陳述清楚但陷入無窮倒退的問題時,你要結合你的直覺來仔細推理,這樣做能有效地幫助你分析已確定問題的敏感點,從而將這種無窮倒退終止,也能幫助你確認一

些命題是真命題還是不證自明的命題。

假設你決定透過類推來進行間接推理，而不是透過三段論來得出結論。然後你打算用這種方式來得出結論：概念 A 和概念 B 足夠相像，所以這兩個概念可以被稱為是相似的。於是你對你的朋友說：「你知道嗎？瓊斯是個罪犯，雖然他現在沒有被關進監獄。他簡直太像那個黑幫頭子艾爾‧卡彭（Al Capone）了。他們兩人的唯一區別就是瓊斯從來沒有被警察抓住過。」你這個斷言的各個方面都有可能會遭到質疑，其中有一點我建議你要特別注意，它代表了所有類推的內在缺陷，那就是全面性的相似這樣的斷言是建立在多種相似點基礎之上的，而那些相似點有時候並不是有重大的意義或者支配性的因素。我猜你所說的瓊斯可能是那個臭名昭彰的訟棍，這個人詭計多端而且道德敗壞，非常奸詐，但從來不會去真正觸犯任何法律，他肆無忌憚地鑽法律的漏洞並且踐踏法律的精神，然而從法律條款上來說他卻並沒有犯罪。如果事情是這樣的話，那麼你的類推就是錯誤的，艾爾‧卡彭是因為違反法律這種顯著的惡行才被社會大眾打上了罪犯的烙印，而不是因為他不道德的行為。我認真仔細地選用了艾爾‧卡彭的例子，這是因為他和瓊斯的類推很容易使人迷惑，足以作為一個能夠誤導人們信服的錯誤類推的典型例子。在艾爾‧卡彭被法庭宣判有罪之前，他早就已經是公認的罪犯了，後來他被指控的罪名（偷逃所得稅詐欺罪）和之前那些讓他聲名狼藉的罪名完全不同，而正是之前那些惡行

第七章 精準運用思考工具

讓大眾知道了惡棍艾爾‧卡彭這個人。技術上的區別在於，艾爾‧卡彭的主要罪行無疑是觸犯了法律的，但是定罪的證據不足，反觀瓊斯惡劣的瀆職行為雖然不道德，但即便拿出所有證據，在法律上也不能去控告他。貌似可信但存在缺陷的類推所包含的錯誤幾乎總是很隱蔽地藏匿在表面之下，需要極仔細地審視才能察覺。對類推中的這種危險保持高度警惕是特別有必要的，因為在得出結論的過程中，類推是一種非常普遍而且應用廣泛的方法。

我在前文中曾經說過，在希臘人所使用的三種思考工具中，歸納從某種程度上來說是最卓有成效也是最有用的一種。到目前為止，我為你節省了去了解所有與歸納推理有關的學術性問題的大量時間。現在，我想我應該向你簡述一下一兩個關於歸納推理的基本概念。如果你試圖透過考察一些特定的案例來推論出一個一般結論，那麼你必須對這些作為結論基礎的特定案例的數量和種類加以關注。這些案例的數量必須滿足相應的統計學橫截面資料的要求，而這種要求的範圍大小不等，在某些問題中可能小到只需要1%，而在另一些問題中可能需要增加到10%甚至15%。

例如，對於「在美國有多少人僅憑自己的能力就能擁有超過一百萬美元的財富」這個問題，如果你想在不依靠政府統計出的官方資料的情況下，對這個問題的答案做出一個斷言，那麼你就必須得到整個國家人口中符合這個案例的非常龐大的統計學

橫截面資料，只有以此為基礎才能證明你的斷言是有效的。然而，如果你想知道這個國家有多少人的眼睛是藍色的，那麼非常少的統計學橫截面資料就足以作為對這個問題做出斷言的基礎了。因此，我們有理由相信，關於有效的歸納推理有這樣一個非常有用的規則：在通常情況下，與歸納相關的某種現象越罕見，推導結論的依據對考察特定案例的數量要求就越高，而且反之亦然。這個規則與需要橫截面資料足夠多的原因有關，純粹從統計學的角度來看，這是可信的。但是我們再來假設，你想知道的是這個國家患有佝僂病的兒童所占的百分比。佝僂病是一種主要由營養不良和缺乏日照所導致的疾病。但是患病兒童的比例在美國不同地區會出現非常大的差異，主要取決於當地是否會有兒童缺乏營養和日照較少這些誘發佝僂病的因素。如果你在研究中發現某個城市的兒童患病比例相當高，然後你可能會認為在美國其他地方數量較少的病例可以提供一個令你滿意的統計學橫截面資料，因為你正在列表統計的是一種常見的發生率，而不是某種罕見的現象。那麼在這個問題上你就錯了，這並不是因為什麼統計學或者形式上的原因，而是因為統計資料有問題，事實上在這個國家的某些地區，這種疾病是一種非常罕見的現象，因此你需要考察的案例數量要比你最初所考慮的多出許多，只有這樣才能為你的結論提供合理的依據。倘若在此之後，你又接著進行了適當的三段論推理，那麼就會發生錯誤歸納的重大危險，要麼是因為我們剛剛討論過的

第七章　精準運用思考工具

考察案例數量不足，要麼是因為對所使用案例的觀察和分析不夠充分。

現在且讓我們放肆一回，斗膽來仔細剖析一下莎士比亞的劇作《尤利烏斯‧凱薩》中的一個不完全歸納——之所以說不完全是因為它表現出了對所使用案例的觀察和分析不夠充分。你還記得凱薩對安東尼說的話吧：

但願有胖子常隨我左右，

圓腦袋光溜溜的胖子，酣睡一夜的胖子；

但是那邊的卡修斯面黃肌瘦，

他的腦筋動得太多了，這樣的傢伙是很危險的。

這些遣詞造句都堪稱辭藻華麗，但是邏輯性稍有些不足。我們幾乎可以肯定凱薩一定認識一些並不危險的瘦子——而且一定也認識一些從來不動太多腦筋的瘦子。但凱薩還是說道：「這樣的傢伙是很危險的。」凱薩的篤信建立在這樣一個事實上，那就是曾經對他撒謊、行竊或欺騙他的瘦子都深深扎根在他記憶中，然而反過來說，很明顯凱薩認識的其餘的瘦子完全沒有讓他留下任何好的印象。

關於類推、演繹和歸納的使用，我並不打算再向你進行任何其他的解釋，這是因為我有一個永不改變的信念。我堅信只要在開始時提供幾條線索使思考朝著正確的方向出發，那麼人類的心智絕對有能力為這些不同的思考工具找到它們各自的使

用規則和具體方法。縱觀此書，這個信念正是我創作這本書的目的所在，它與書中每一個章節的題目或許並不是多麼貼切，但至少可以開始一個嶄新的過程。

我們已經說過，你面對的問題或許可以接受一個可能的解決方案，而不是必須要有一個明確的解決方案。通常來說，一個可能的解決方案或許不是你的第一選擇，但是對於在日常生活和思考中所面臨的大量問題而言，想要獲得明確的解決方案是非常困難的，實際上你能得到的只有可能的解決方案——而且即使你想得到的只是一個可能的解決方案，常常都會困難重重。

我想說的是，當你尋求的僅僅是可能的解決方案時，凡是這種情況，唯意志論邏輯應該是你首選的思考工具。和形式邏輯相比，使用唯意志論邏輯最主要的區別是不需要你去建構一系列諸如「如果……那麼，則必然……」這樣的論證，讓你遵循三段論的流程，只是會修改基本陳述模式，之前的論證模式被替換為「如果……那麼，則可能……」。現在我來舉幾個例子說明這將如何改變你的推理過程。有的三段論會涉及某種不根據前提的推理謬誤，然而當你尋求的只是一個可能的結論時，這種謬誤對你來說也許是完全可以接受的，但是這樣的三段論在形式邏輯中根本不可能被接受。例如，有一天我在街上看到一個人來到消防箱前，拉動了控制桿觸發了火警報警器，因此，我得知附近一定有什麼地方發生了火災。然而，嚴格來說，這

第七章　精準運用思考工具

是一個不根據前提的推理，因為根據有人觸發了火警報警器這一前提，並不能絕對而且必然地得出附近一定有什麼地方發生了火災這個結論。他可能弄錯了，誤以為自己看到了火災，也可能是有人惡作劇，跟他開玩笑說發生火災了。然而，因為你對絕對且明確的結論並不感興趣，所以你完全有理由相信很可能附近有什麼地方真的發生了火災。你迷失在一種從形式邏輯來看根本不可能被接受，但是在日常生活中卻十分有用的三段論之中。假設你這麼說，「史密斯開車太快了，肯定會出車禍的。」

毫無疑問，你在形式邏輯中犯了一個偶然性謬誤。在限速範圍之內，開車很快並不是導致事故發生的原因。糟糕的駕駛才是原因所在，而且如果一個人開車很快，但是他駕駛技術嫻熟，那麼當他的駕齡達到 40 年的時候都有可能不出任何事故。然而，因為快速駕駛和事故之間的關聯性太高了，足以使你得出結論，但是這個結論僅僅是一個可能的結論，儘管它不能完全滿足形式邏輯的嚴格條件，不過在唯意志論邏輯方面這個結論完全可以令人滿意。

當你尋求的不是一個簡單可行的解決方案，而是一個機率，同時這個機率和另一些相關因素之間存在一種模糊的、不確定的關係，在這種情況下，運用連續統一體來進行機率推理是非常好的選擇。舉個例子，勇氣是艾爾谷犬的一種特質嗎？如果試圖用形式邏輯來證明上述問題，你會發現這將是一個愚蠢的命題，因為你無法確定無疑地證明勇氣是否是這個品種的犬類的

特徵。哪怕你運用唯意志論邏輯的推理過程來推斷，然後斷言勇氣很可能就是艾爾谷犬的特質，我也依然無法確定你的答案是否能為大家在這個問題上帶來什麼較大的啟發。對這個問題的回答還有一種能夠提供更多有用資訊的方式，可以這麼說，勇氣是位於兩極之間的一個連續統一體，其中一極是根本不存在任何恐懼的大無畏，而另外一極則是不可能發生任何衝突行為的極度恐懼。如果你想使用數學符號系統來將不存在任何恐懼設定為100%，同時將極度恐懼設定為0，在測量勇氣的過程中，你可以用各個品種的犬類所具有的不同程度的勇氣作為樣本來填滿這個連續統一體，然後以這樣的陳述作為結束：有鑑於愛爾蘭雪達犬位於這個連續統一體的中點即50%的位置，艾爾谷犬大致位於85%的位置，相比之下，英國牛頭梗犬則應該被放在接近於95%的位置。你並沒有就這個問題給出一個確切的解決方案，不過你會得到一個相對而言不太精確但資訊合理的解決方案，而且你還解決了另一個問題，那就是證明了在這個問題上聲稱是確切的任何一種解決方案實際上都是錯誤的。

現在我們已經完成了整個思考工具清單的討論，我並沒有向你們提供關於選擇和使用思考工具的詳盡規則，而是給出了一系列我希望可以被證明是有益的而且具有挑戰性的線索。儘管我並不希望如此，但是我知道你可能更樂於得到一套條理清晰的規則。如果把那些複雜而混亂的東西裝訂成整齊有序的小冊子再交到你的手上，這樣做當然會有令人滿意之處，但是我可以

想像到，你應該會像我一樣對那種所謂祕方神藥深感懷疑。真正難以做到的事情，比如良好地思考，是不可能用那樣的方式學會的，也不該以那樣的方式去教授。老老實實地面對思考藝術本身固有的困難，並努力從各處獲得一些有益的幫助，這才是更好的選擇，遠比因為太過簡化和太過拘泥於系統教條而犯下那種簡單而愚蠢的錯誤要好得多。說完上面這句冠冕堂皇的陳詞濫調卻又不失為真理的說教，我想我們可以結束這一章了。

Part 3
實現思考的價值

我們透過不斷地學習和實踐把與思考的行為和藝術有關的客觀原則帶入生活,從而創造一種幸福的人生。這就是思考的目標。

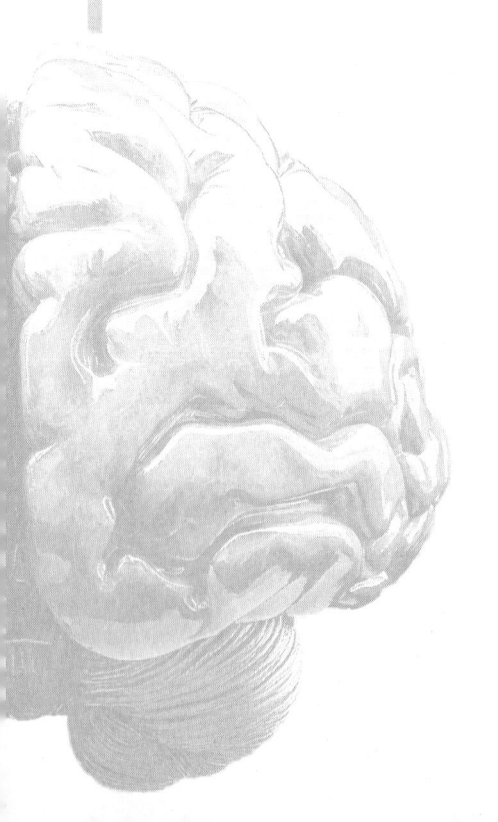

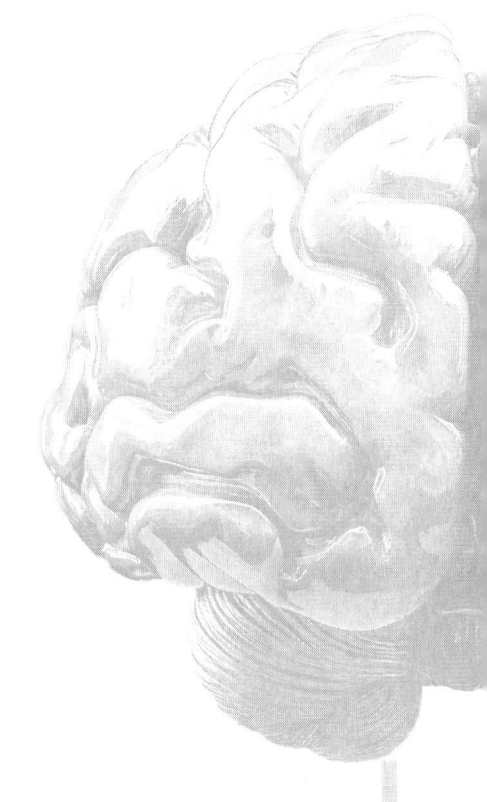

//
第八章
決策中的思考實踐

更好地思考的目標是解決實際問題 —— 在更好地思考的顯微鏡下觀察真正的商業問題 —— 行政問題的定義 —— 管理人員的時間預算 —— 營運 —— 過多的員工會議 —— 策略 —— 人事，最重要的行政問題 —— 員工評估表 —— 聰明地使用圖表 —— 平衡未來員工的水準

Part 3　實現思考的價值

英語中「藝術」（art）這個詞來源於拉丁語中的 ars，英語中「詩意」（poerty）這個詞則來源於希臘語，而這兩個不同語種的詞有一個共同的語義，都表示創作或者實行。「藝術」（art）這個詞也表示創作或者實行。所以思考的藝術也就是思考的實行──將更好地思考應用在實際問題上面。當我們談到思考的目標時，所說的就是這個意思。思考的目標或者目的是為了解決實際問題。

在本書的第三部分，我計劃向你展示將思考應用在一系列實際的商業問題上面。在本書的最後一章中，我還會為你說明思考在商業問題範圍之外的一些應用。但是在我看來，如果我所舉出的大多數例子都是取材於同一個領域，比如商業，那麼對於讀者來說，這些例子的實證效果可能會比我從許多領域中隨機取材舉例更強一些，而且也更不容易混淆。

在考慮將思考應用於商業時，我準備從一般的行政問題開始入手。而在接下來的章節中，我們有必要就宣傳、營運、銷售和管理等領域中的具體工作所面臨的某些問題展開討論。

現在我們最好先以明確幾個定義作為開始。我認為，一名企業高階管理人員是一個被授予了某些正式職權的獨立個人。一名營運人員應該直接監督工作，而且從某種程度上來說，自己也要實際去做那些需要完成的工作。一家百貨公司的採購員、一個製造企業的區域銷售經理、一間工廠的領班──這些人員都是營運人員的典型代表。他們被授予了一定範圍內的

第八章 決策中的思考實踐

權力,而與此同時,他們對工作的完成也負有直接責任。他們擁有對需要完成的工作的直接監督權,並且在這中間不存在任何級別的權力介入進來。雖然他們做不到僅憑自己的雙手就完成所有的工作,但他們能夠做到在工作現場始終用自己的雙眼監督所有工作的完成情況,因此他們對執行工作的方式也負有責任。搞懂這些營運人員和行政人員之間的區別非常重要,你要明白這兩種人員之間不是在職務級別上有所不同,而是在工作類型上完全不一樣。行政人員的工作是另一種類型的工作。一名行政人員既不能完成我們剛剛討論過的那種需要完成的工作,也做不到用他自己的雙眼親自監督工作中的幾乎每一個細節,他幾乎完全只能透過其他人員來工作。在大型企業中,管理人員會有好幾個級別,高級行政人員會不得不透過其他人員來工作,這些其他人員本身也是透過另外一些其他人員來工作,而另外一些其他人員本身仍然是透過除此之外的一些其他人員來工作。我們稍後將詳細地審視這兩種行政職能在類型上的區別所產生的影響。但目前我所關心的主要是:這種區別是存在的,而且是一個很重要的區別。

這樣定義的高級行政人員有三種職能。這些職能與營運、戰略以及人事有關。我在前文中曾經提到過,正確的原則在一些明顯毫不相干的領域中往往會重複出現。現在你可能會有興趣來了解這種現象,因為剛剛所說的營運、策略以及人事就是高級行政領域的人文學科,嚴格來說,這和語法、邏輯以及修

辭是古典領域的人文學科完全是同一個道理。

高級行政人員工作職能中的營運或語法，在他消耗的全部時間和精力中應當只能占據極其有限的一小部分。我會設法為你定義這種限度。一名高級行政人員應該精確地將剛好夠用的時間分配到他所負責的營運版圖中，以用來完成三件事情。

既然這名高級行政人員對自己管理範圍之內的全部工作職能是否處理得當負有最終責任，那麼第一件事情就是，他應該拿出剛好夠用的時間和精力放在工作職能的執行階段上，以用來確保這一階段的工作處理得當。這一點很簡單，要確保那些必要的職能已經全部被執行，也要確保已經全部被充分執行，還要確保結果符合合理的預期。總而言之，他必須知道所有事情從大體上看都是朝著正確方向發展的，而且沒有任何重要的事情正在往錯誤的方向發展。

接下來，他就應該拿出剛好夠用的時間來完成第二件事情，確保他與策略和人事這兩個方面有關的各項行動都符合實際情況。除非這名高級行政人員的工作裡裡外外都能相當地貼近實際──可以獲得真實合理的事實和資料來組成他腦海中的工作構思──否則他在政策和人事這兩個方面付出的努力就會脫離實際情況，這就很容易形成離題萬里而且毫無效果的無用功。

最後，這名高級行政人員應該再拿出剛好夠用的時間用來施展他在營運版圖中所擁有的某種獨特才華，只要他擁有的才

第八章　決策中的思考實踐

華在這個企業的全體成員中是最高水準的，他就要施展才華來為企業做出貢獻，這就是第三件事情。假設一下，在我所工作的這個公司中，目前來說最有才華的宣傳文案撰稿人就是我，除非我要離職去另一個公司擔任宣傳總監。在這種情況下，要是我每年不親自寫一些能對整個公司的盈利產生重要影響的宣傳資料拿去投稿，那我就是一個很愚蠢的行政人員。

我們現在來觀察一下，在定義一名高級行政人員應該如何分配在營運方面的時間時，我都是這樣陳述的，拿出剛好夠用的時間來完成某些特定的工作目標。據此可以得出這個推論，即不能花費更多的時間。我想我也可以這麼說「也不能少於夠用的時間」，但是根據我的經驗來看，那些具備腳踏實地和認真負責精神的高級行政人員，他們喜歡透過「把事情做好」來獲得自己的薪水。這些高級行政人員中有很多人都覺得「把事情做好」的意思是做事情要親力親為地動手去做。同時這些人有一點懷疑思考並不是在做事情，而且還會因此產生一種愧疚感，或許你曾經聽到過某位高級主管這樣的言辭：「我一整天什麼事情都沒做，一系列的會議讓我脫不開身。」要是這樣，我認為如果他在會議中根本沒有進行任何思考的話，那他的說法就是對的——他什麼事情都沒做。

暫且說幾句題外話，我知道有一個公司採取了強而有力的措施試圖遏制那些自由散漫的會議。只要是正確處理公司事務所必須召開的會議，不管多少公司都完全同意召開，不過公司

Part 3　實現思考的價值

對此還有一點特別堅定的要求,那就是這些會議應該是卓有成效的。為了實現這個目標,有四塊標語牌被掛在了公司會議室牆上最顯眼的地方。下面就是這四塊標語牌上的內容:

關於會議所要討論的問題以及討論問題的順序必須有預定計畫,否則不得召開。每次會議的第一部分議程都應該包括該會議必須討論的專案;第二部分應該包括在時間充足的情況下可以討論的專案,但是能夠推遲到下次會議討論的專案除外。

因此應該為所有會議設定一個時長限制並堅持執行。

會議不應該被用來收集資料和進行研究,這些事務應該由一兩名工作人員在參加會議之前來完成。會議應該被限制在對預先收集完成而且適用於當時的資料進行討論的範圍之內,同時會議的任務就是討論這些資料並得出結論。這也要求每一位與會人員在參加會議之前必須完成對會議主題必要的初步研究。

所有出席會議的人員應該將自己的討論範圍限制在與預定計畫所包括的議題相關的重要事項之內,而且不應該占用會議時間進行脫離會議主題的多餘發言,或者就與會議主題有關但並不很重要的問題進行不必要的冗長討論。

召開一定數量的會議的目的不是為了做出決定,而是為了根據決定分配責任。在重要的策略問題上,允許召開這種分配責任的會議,但是在營運事務和次要的策略問題上,高階管理人員應該主動履行所擔任職務賦予他們的職權和責任;為他們的決定承擔責任,並且按照他們堅信不疑的主張去大膽實施,

第八章 決策中的思考實踐

即使之後的集體討論有可能需要改進他們所決定的路線。

儘管這些標語牌並沒有摧枯拉朽一般徹底清除這個企業召開會議的積習弊端,但是有人告訴我,掛上標語牌還是有些幫助的,它們使用起來簡單而有效。不管任何時候,只要參會人員認為另一名參會人員違反了規則,他只需要默不作聲地指著牆上掛著的標語牌中他認為被違反的那一條就可以了。剩下的事情顯然都是人之常情了。

我們再回到關於高級行政人員在營運方面分配時間這個問題上,我剛剛描述的那個問題有時候涉及高級行政人員委託的問題。有這樣一種說法,一個人要是不懂得委託,那他永遠也不能成為一名良好的高級行政人員。雖然我覺得這句話沒有錯,但是在我看來,這句話只是一句極少能派得上用場的概括。真正的問題與其說是一名高級行政人員是否去委託,倒不如說是他要委託的內容、時間、範圍以及委託給誰。高級行政人員進行委託有各式各樣的用途。對於目前的分析而言,我特別感興趣的是下面這種用途,委託可以為高級行政人員節省一定的時間。正如上文中我已經指出的那樣,節省這部分時間的目的在於將它用於策略和人事這兩個真正至關重要的高級行政人員的工作職能上。

我們先來仔細考慮一下這兩個工作職能中相對次要的職能——策略。在企業範圍內,所謂策略的本質很模糊,而且策略這個詞的使用範圍非常廣泛。我知道每一個公司通常都會用

到「策略」這個詞的至少三種詞義。有時候這個詞表達的意思是意圖，是指企業最高管理層的意圖；有時候也會用到這個詞通常表達的意思，只代表一個規定，並不等於最初的意圖，或者是為了規範員工行為而釋出的一條可能必須嚴格遵守的鐵律；第三種是用這個詞來表示這個公司的慣例或者習慣性行為。我之所以整理出「策略」這個詞在用法上的差異，是因為我相信你也能想到有一些公司規定從未被轉化成習慣性行為，同樣也有一些習慣性行為從未曾作為公司規定被正式釋出。

我應該解釋一下「策略」這個詞表達的第三種意思，「戰略」在這裡是指習慣性行為，主要是經營管理人員的責任。而就公司的規定而言，可能是經營管理人員的責任，也可能是高級行政人員的責任，具體則取決於規定自身的重要性和通用性，但只有意圖才是高級行政人員關心的事情，而且意圖作為「策略」這個詞的基本定義，也是當我說到策略和人事都是高級行政人員應該關心的事情時所要表達的意思。只有最高管理層才能定義和重新定義一個公司的意圖。這樣的公司重大事項只有透過更好地思考才能較好地做出決策，而且把營運方面節省下來的時間用來較好地執行這項職能，這對任何一個公司來說，都等於是賺到了很多錢。

接下來，我們討論人事。按照我對人事問題的理解，可以有效地劃分為三個部分：人員的選擇、已選人員的職位安排和對已選人員的就職指導。這都是一些重大問題。這些問題不僅

第八章　決策中的思考實踐

是商業組織所面臨的問題,而且也是所有僱用大量人員來實現其目標的企業所面臨的問題。需要完成的工作高度專業化和智慧化,這往往會進一步增加人事問題的重要性和複雜性。儘管如此,有一點仍然是很清楚的。如果一個大學的校長,或一個公司的負責人,又或者一支軍隊的將軍確實能夠將我們剛剛陳述的人事職能的三個部分執行得很好,那麼他不需要再做任何其他的事情就能成為一名極為優秀的行政負責人。我們再來表達得更有說服力一些。一個企業的負責人可以完全不了解他這個企業的任何細節,也完全不熟悉企業的任何技術,但只要他能做好這三個部分的事情,那麼他依然是這個企業很好的負責人。這是關於這種情況的最極端的陳述方式,但是我並不認為太極端,這種表達確實說明了我想提出的觀點。

我的觀點是,將更好地思考應用在這些人事問題上,應該可以得出一些關於這些問題所涉及的相關原則的重要闡述——哈佛商學院習慣於將此稱為「當前有用的概括」。我們先來處理第一個問題,也就是人員的選擇。為了將這個問題保持在易於控制的範圍之內,我們假定這個問題被進一步縮小為挑選合適的高階管理人員。在我繼續說明更好地思考在人事問題上的應用之前,我想請你先放下手中的這本書,然後思考一下從可選擇的應徵者中挑選合適的高階管理人員的過程應該遵循哪些原則,再看看你是否能簡明扼要地解釋這幾個原則。既然這是一個練習,也是一個為了證明我所確信的更好地思考適合應用在

某個特定的商業問題上這個觀點而做出的嘗試,那麼在我告訴你我所認為的答案之前,我希望你能夠自己試著解答這個問題。

如果你已經確定了你的答案,那麼我就把我的答案告訴你,然後我們可以互相比較一下。我的答案是首先承認這一點,高階管理人員的安排全都意味著妥協。找到一個完美的人來擔任某個職位是永遠都不可能發生的事情。既然世界上並不存在完美的人,那麼最佳的人員安排還是將並不完美的人置於合適的職位之上這個睿智高明的安排。

要牢記妥協是人員安排中不可避免的事情,我們來舉個例子。假設你是某個公司的一名高階管理人員,希望找到一個人能夠擔任你的助理,你怎麼處理這件事情?

你要做的第一步應該是進行細緻的分析工作——列出這個職位詳細的職責清單。接下來,你必須列出另一個詳細的清單,這個清單中要說明,能夠充分履行你所列出職位的職責的人員必須具備的特質的最低標準。只有完成了這些事情之後,你才算是準備好開始選擇人員了,也就是說,帶著做出最終選擇的目的去面試排名靠前的應徵者。我完全沒有打算在此討論你如何才能找出那些排名靠前的應徵者。這是另外一個問題。我假定你要面試 6 名應徵者,然後你的問題是要盡可能實事求是地明確,基於你對這個職位的要求而預先設定的一些特質,這些應徵者之中哪一個人在最大程度上具備了這些特質。

我現在請你將手中的書向後翻到圖表(見圖 8-1),然後閱讀

第八章　決策中的思考實踐

緊接著的評論，同時詳細參考圖表。你會注意到，在圖表的左側有一個上面標記的刻度範圍是從0%到100%的刻度尺。還有一條粗線橫貫在圖表的中間，標記著「正常水準」。這條粗線所表示的是，人們在你可能要進行評估的那些特質上所具備天賦的理論平均值。接下來，我將進行解釋。

如果你能夠評估100萬個人在勇氣這方面的水準，那麼你評估結果的平均值就是勇氣天賦的理論平均值。有些人所具備的勇氣天賦被認為大於這個理論平均值，那麼他們可以被認為高於平均水準，而那些勇氣天賦被認為是小於這個理論平均值的人則被認為低於平均水準。對於你正在考慮的那些人，你可以決定評估他們的哪些特質，但無論你評估的是什麼，劃在50%這個位置上的線，始終都將被用來代表人們所具備此項特質的理論平均值。我們在這裡使用50%純粹是為了方便。如果要達到一定的精確程度，真正的平均值實際上必須設定在稍微高於50%的地方，因為很顯然一個正常人所擁有的任何一種特質的天賦都不可能真的等於零。如果我還想努力更精確一些，那麼我就應該把刻度範圍設定為從20%到95%，然後把平均值放在這個範圍的中點，也就是57%或者58%的位置。但是我並沒有把平均值放在這個位置，而是放在50%的位置，我這樣做有兩個原因：將平均值放在中間點的位置，這是一種視覺慣例而且易於理解；另一個原因是，至少在我看來評估一個人的水準不是一個精確的數學過程。精確的數學符號能真正代表一個人具

備某種特質的程度，這完全是無稽之談。只有在你認為數學尺度僅僅是一個不精確的近似值的情況下，它才是有用的。

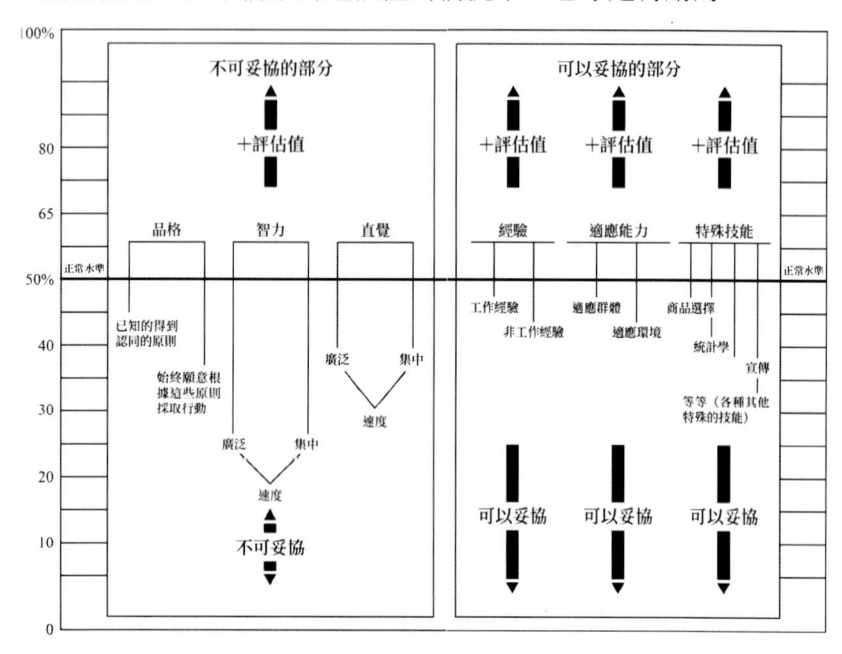

圖 8-1　高階管理人員評估圖

在決定對應徵者哪種特質評估之前，我們可以先做出這樣的決定：無論我們將要評估哪些特質，劃在50%位置上的平均線所代表的毫無進取之心的庸才水準都不會是一個令人滿意的起評點。在你已經掌握的相關事實引導你對有希望的人選評估之前，將所有特質的期望值都放在略高於天賦平均值的位置，這對你而言將是很合理的做法。因此你會發現，圖表中在接近65%的位置劃著6條較短的水準線。我再次提醒你這並不是一

第八章　決策中的思考實踐

個精確的計算：65%僅僅是指比用來表示平均值的50%特質更高一些。

現在討論一下我們將用來評估應徵者的特質。如你所見，圖表中列出6種特質：品格、智力、直覺、經驗、適應能力以及特殊技能。在選擇和命名這些特質的時候必然會帶有主觀性。為了保證用它們進行評估的可行性，你必須至少理解它們代表的意思是什麼。圖表中的每種特質都被細分為兩個部分，下面各標記了定義。品格首先被定義為個人已知的得到認同的原則。這意味著在面試應徵者的過程中，你必須知道這個人的原則是什麼，而且你必須確定他的原則你是認同的。你肯定也認識這樣一些人，雖然他們擁有完美無瑕的崇高原則，但不幸的是，他們並不能始終遵循這些原則。因此我們對品格完整的定義不僅要保證這個人必須具備得到認同的原則，還要表現出始終遵循這些原則的意願和能力。

下面我們再來討論圖表中衡量智力水準的兩種指標。按說我在解釋這張圖表的時候有必要細緻而清晰地闡明智力和直覺之間的區別。而你已經讀了這本書前面的部分，我認為只需要簡單地把「智力」這個詞換成表達清晰而且能進行有意識地推理，你就完全明白智力和直覺之間的區別了。當然，直覺指的是無法闡述的潛意識的過程。圖表中這兩種特質都被細分為廣泛和集中。集中指的是一個人可以沿著一種特定的、限定的思路進行相當長時間思考的能力。另一方面，廣泛指的是能沿著多種

思路都進行一段有效時間的思考。而圖表中還為這些指標提供了一個公分母——速度。這是因為有些人的智力水準使得他無論是有意識還是無意識，無論是集中還是廣泛，都能好好地思考，但儘管如此，他們得出最終結論的速度實在是太慢了，以致等到得出最終結論的時候，大多數情況下尋求問題解決方案的時機早就已經過去了。在實用性商業藝術中，必須衡量思考速度這個因素。

接下來的一個因素是經驗，它被分為工作經驗和非工作經驗兩部分。非工作經驗指的是，由所有背景、環境以及經歷所構成的一個人的經驗總和。

適應能力的定義被分為兩種：適應群體和適應環境。

第 6 個因素是特殊技能，這是一個大範圍的多功能概念，可以將一系列你有可能想要評估的專業技能或者天賦全部包括在內。可以考慮加入這樣一些技能，例如宣傳天賦、統計天賦、造型天賦、有序俐落地安排工作的天賦等等。

這個圖表的一個重要特徵是分為左、右兩個部分。左半部分包括前三種特質，並被標記為不可妥協的部分。右半部分包括後三種特質，並被標記為可以妥協的部分。在左半部分可以看到代表評估值加分的向上的箭頭，表示這三種特質的評估值若高於 65％可以獲得加分，但是沒有向下的箭頭，因為這三種特質的評估值若低於 65％的水準都是不允許妥協的。而另一方面，在右半部分你可以看到既有代表評估值加分的向上的箭

第八章　決策中的思考實踐

頭，也有向下指向零值的，因為右半部分已經被指定為可以妥協的部分了。你應該記得我們開始考慮人員選擇問題時曾經提到過，從這個問題的本質上來說，所有的人員選擇都是一個妥協的過程。除非你明確而且強烈地意識到你正在做出的妥協是明智的，否則你不可能做出明智的妥協。確保你能意識到這一點也是設計這個圖表的目的。

我來描述一下我在面試高階管理人員應徵者的過程中和確定人選時經常碰到的事情，然後我們將此與使用上述圖表將會面臨的情況做一個比較。如果沒有使用圖 8-1，那麼經常會發生下面這樣的事情。

負責這件事情的一名高級行政人員找來了 6 名應徵者，並單獨面試了他們。如果他是一名盡職盡責的高級行政人員，那麼他會用 5 至 20 分鐘來進行每一個面試。80% 的面試時間可能會用在了解應徵者履歷上的工作經歷，另外 20% 的時間通常會用於試圖弄清楚這樣一件事，即申請人具備多少高階管理人員這個職位所需要的特殊技能。如果這名高級行政人員用一種與眾不同的「人事思維」來進行面試，他可能會用 10% 的時間來了解應徵者的工作經驗和非工作經驗。如果他極為仔細的話，他甚至可能拿出 10% 用來了解特殊技能的時間，用來了解一些關於應徵者的適應能力的情況。

現在請記住，圖 8-1 上有 12 個項目需要評估，但是在很多商業性的面試中只會去評估這 12 個項目中的 2 項，而更多做得

比較好的面試也只不過是擴大到了 4 項。你可以看到，正確理解圖表上那些因素將會使高級行政人員的面試過程變得充實、豐富。

我想我現在應該先明確指出一點，如果面試變得死板僵硬或者明顯受限，那麼這樣的面試就沒有任何好處。哪怕是技能很普通的面試官，應該也能夠藉助一個完全非正式的談話來獲得關於圖表中所有 12 個項目的資訊，同時不會讓應徵者感覺到他是在回答調查問卷而不是在聊天。

如果面試官只是去評估了這 12 個項目中的 2 項或者 4 項，那麼他的分析顯然是不完整的，除了這句話也沒有什麼別的能進一步指責他的面試方法了。然而，假設他是一位非同尋常的面試官，實際上他已經記住了圖表中與高階管理人員評估相關的所有 12 個項目。如果不使用圖表，他會怎麼做？他可能沉迷一套腦力體操，而這種腦力體操的難度實在是太高了，以致普通大腦完全不可能從這種腦力運動中得到任何恰當的答案。考慮一下他到底想做什麼。他試圖對 12 個項目中的每一種都單獨進行數學上的評估，然後替這些項目單獨賦予特有的權重，再計算出所有這些項目的加權算術平均值。我們之前提到過，如果有人問你 645,792 除以 3,472 等於多少，你最好用長除法來回答，而不是求助於你的潛意識。這名面試官面臨的也是同樣的情況。是否有很多人的智力水準都能夠僅使用直覺來得到這種問題的正確答案，這一點是很值得懷疑的。但可以肯定的是，

第八章　決策中的思考實踐

當你使用一個簡單圖表就能實現類似算術中的長除法的過程，可以輕易地自動得到這種問題的正確答案時，那麼用直覺來處理這種問題是沒有任何好處的。

關於圖 8-1 的使用方法先說到這裡，現在我們來挑戰一些假設情況。我是透過怎樣的推理才選擇了這 6 種特定的特質而將所有其他特質都排除在外的呢？之所以選擇這 6 種特質是因為它們是我所知道的衡量欲望、思考和行動的幾個基本因素的最簡單的分類，而這幾個基本因素就是我們衡量每個應徵者的時候想要知道的資訊。我用這種特定的方式定義它們，一方面，是因為這是我在遵循經典的分類規則所能想到的最符合實際的妥協；另一方面，也是為了保證使用這個圖表的人比較容易理解。和所有的分析一樣，這個圖表也是不完整的。例如，它並沒有試圖去衡量健康因素。大多數商業性面試往往都會合理地考慮健康因素，如果擔心在面試的時候會忽視這個因素，那你完全可以在這個圖表中新增健康因素這一項。你可能會說：「那麼領導力這種特質呢？」我的回答是，領導力根本不是一種特質，領導力是由多種特質組成的一種複雜構造，而且我認為在評估個人的方法中，最常見的錯誤莫過於將領導力作為一種個人特質並試圖進行評估。領導力是我在圖表得標明的那 6 種特質在多種原因相互作用下產生的效果，而且我順便說一句，這 6 種特質也並不是領導力產生的全部因素。我想如果你能比較寬容地研究這個圖表，尋求理解而不是吹毛求疵，那麼你那些關於

圖8-1 失實、有重疊或者遺漏某些評估特質的問題，就會得到滿意的答案。至少我希望如此。

然而，這個圖表中還有一個基本假定，我希望你能提出質疑，然後我來回答你的疑問。你要提出的問題是：「你憑什麼主觀地將左半部分的三種特質指定為不可妥協的部分，而將右半部分的三種特質指定為可以妥協的部分呢？」我來向你說明，我花了很長時間在腦海裡仔細回顧了我曾經親自觀察的數百個高階管理人員的面試過程，再加上我沒有親自觀察但也了解部分情況的數千個案例，這些數字毫不誇張。在我所回顧的全部案例中，只要是在我看來比較令人滿意的那些人員安排，我都無法想起任何一個在不可妥協的特質上做出了妥協的例子。另一方面，我還知道，在好幾十個很成功的人員安排上所做出的妥協都是限定在某種可以妥協的範圍之內的，而他們確定的那些妥協範圍都包括我們這個圖表中右半部分的三種特質。讓我來引用三個戲劇性的案例來說明一下，不過我要隱去真實的人物姓名，改用虛構的名字：

X先生四十歲左右，多年以來他都是某個非商業領域中一名成功的高級行政人員。他決定嘗試轉到商業領域發展，並成為某個大型公司的一名高級主管。X先生這個人是在工作經驗這個因素上一直可以妥協到零值的代表。他在這個圖表左半部分的評估中獲得了非常高的加分。他很快在商界取得了卓越的成就，並從那以後一直都保持著這種成功。在X先生的案例

中，妥協一直降到了零值，但這是在可以妥協的範圍內，而且這個人員安排相當成功。

我想說的第二個案例是Y先生，他也是一位品格和智力水準都很出眾的人。當我第一次見到他的時候，他是我見過的所有在商界身居要職的人之中，我認為與他和睦相處或者一起共事是最令人無法忍受的。我這麼描述恐怕都算是保守的說法。他是個令人難以置信的人。就像實在難以與他和睦相處一樣，他做了一份別人難以做到的工作，一份非凡的工作。另外，Y先生智商很高且直覺能力出眾，能在一段時間之內了解到自己這種無法與人相處的性格產生的阻礙是多麼嚴重和毫無必要。他有改正自身不足的能力，後來他成了一個大型企業的總裁，他的下屬不僅很喜歡他，還非常愛戴他。Y先生是一個人員安排的成功案例，因為他儘管在適應群體這一點上是一種接近於零值的暫時性妥協的代表，但是他在圖8-1左半部分的評估中所獲得的非常高加分完全足以抵消在這方面所做的犧牲。

第三個案例中的Z先生同樣是一個令人很感興趣的研究對象。Z先生是一名高級銷售管理人員。如果有一種特殊技能通常被認為是一名高級銷售管理人員必須掌握的技能，那就是所謂的產品感覺──對產品的視覺效果、線條、色彩以及設計的敏感度，而一件東西是漂亮還是難看正是由這幾個元素所決定的。然而Z先生不但絲毫沒有這種敏感度，而且還透過不斷地解釋和說明自己非常缺乏這種敏感度來向同事們表達自己對他

們的讚賞。我無法想像在一項如此重要的特殊技能上還會有比Z先生這樣更徹底的妥協。他也是一個成功的人員安排和適當妥協的代表，後來他也是一個大型企業的總裁。即使我是用虛構的人物姓名來寫的這些案例，我仍然覺得這些都是不錯的案例。我非常想把這些人的真實姓名告訴你。你應該會認識這幾個人。只是有一種這麼做不合適的感覺始終揮之不去並最終阻止了我，但是我可以向你保證這些都是真實案例，就是這麼戲劇性，而且如果我能做到滿足你的好奇心說出真實姓名，那就更有戲劇性了。

我最初設計這張高階管理人員評估圖在相當程度上是為了自我保護。有一段時間，我在為各種不同的高級主管職位而忙於面試大量應徵者，我不得不承認，那時我做出決定的方法上所存在的欠缺是不可原諒的。另外，我還進行了一系列的人員選擇，然而我根本無法承擔在這些選擇上頻繁犯錯的後果。需求創造方法，然後由實踐來檢驗它。我將這張圖用在我自己的工作上，效果是令人滿意的。過了一段時間之後，我將它發送給了公司的高層，同時加上了一個附註，內容如下：

我必須將這張圖發送給你們，因為我發現它有助於闡明我自己對高級主管職務未來候選人的評價。我曾經考慮過將這張圖中所使用的術語的定義，連同所涉及的基本理論以及如何應用的詳細解釋也一起發送給你們。我後來之所以決定不這樣做有兩個原因：第一，因為我相信其中大部分內容都是不證自明

第八章　決策中的思考實踐

的；第二，我擔心這些解釋會涉及過於冗長的長篇大論而達不到便於使用的效果。

然而，我還是要強調三個關於這張圖的重要事項：

1. 設計這張圖的目的是基於有限的資料對應徵者未來的表現進行預測，但是它不能替代我們之前使用的高級主管人事審查卡這個方法，然而在考慮公司內部人員晉升的時候，這張圖可以作為人事審查卡的補充內容。

2. 這張圖是一種用來評價應徵者的工具，並不能代替對他們的評價。

3. 這張圖只是提供了另外一種機械性的手段，希望能對一部分人有所幫助，但是不建議將它作為一種評價高階管理人員的不可或缺或者唯一有效的手段。

從此，我們收到了很多公司希望得到這張圖的請求，而且還有大量各式各樣的團體請我去解釋這張圖的使用方法。到目前為止，它似乎是經受住了時間的考驗。還沒有人能證明這張圖中的任何一個設想是錯誤的，而且很多人告訴我這張圖有助於他們更好地思考挑選高級主管這個問題。於是，這更加促使我相信它確實代表了思考可以恰當地應用於商業問題的某個特定領域。

我們曾經提到過，對高級行政人員來說，人事問題是一個至關重要的問題，而解決這個問題第一部分是人員的選擇。第二部分是合適的職位安排。如果你的公司裡有 100 個高級主管職位，

你可以認真地挑選出 100 個勝任這些職位的人才，但儘管如此，你對他們的職位安排還是非常不恰當，而這種情況會在相當程度上挫敗你成功解決第一步人員選擇所獲得的成就感。這涉及兩個問題，而且有大量的文獻都是關於這兩個問題的──一個是組織結構圖的問題，另一個是所謂的人為因素問題。這些都是令人很感興趣的問題，而且有能力的高級行政人員應該充分理解這些問題，但是我現在不能占用篇幅去研究它們。

我們現在來討論人事問題的第三部分。如果你是一名高級主管，你已經挑選了合適的人才，然後為他們安排了能融入企業的合適的職位，那麼還需要做什麼事情嗎？你必須指導、激勵以及培養他們，使他們能夠在最短的時間裡最大限度地體認到他們在各自的職位上做出貢獻的能力。那麼這是透過怎樣的過程做到的呢？這是一個問題，嚴格來講，這是一個有關成人教育的問題。如果整個商界都能像這樣體認到這個問題，並同樣把它歸類於成人教育問題可能會更好。如果像這樣歸類，那就有可能會促使企業高層將他們公司正在進行的成人教育過程和其他地方的任何一種教育過程進行比較。這種比較的結果應該會讓人感到安心。

對美國一些高等學府裡流行的某些教育過程而言，儘管我抱持負面的態度，但我必須承認這些教育過程還是遠勝於商業領域中實行的類似教育過程的。商業領域中最常見的成人教育過程可以描述為滲透過程，提出這一理論的人勇氣可嘉，這種滲透

第八章　決策中的思考實踐

過程意味著有潛力的高級主管能夠從骨子裡吸收商業教育。如果某個公司沉迷於高級主管培訓，那麼最流行的做法就是試著將一位優秀的年輕人安排在一位年長的成功人士身邊擔任助理的職務。我推測，這麼做是想讓年輕人了解到這位年長的成功人士的日常工作習慣，然後這位年輕人就會透過我們剛才所提到的那個不可思議的滲透過程充分吸收上司的經驗，從而最終自己就能獨當一面並做到同樣的事情。站在教育的角度來看，這是一個相當可悲的理論。我寫這本書的主要目的之一就是試圖為此提供一種補救辦法。商界的高級主管可以學習更好地思考，而且在學會了之後，他們之中至少有相當一部分人可以來教授更好的思考方式，但絕不是透過滲透過程。

　　另外，我認為還要分析一下高級行政人員的問題優先順序排序這個問題。然而，與我們剛才分析的人事問題相比，這個問題的解決方案更不容易被接納。既然如此，我只好向你指出，人事問題和問題優先順序排序問題，你的面前擺著兩個基本問題，這兩個基本問題構成了對高級行政人員主要的智力挑戰。我發現這是一個可以用來強調我認為是不證自明的另外兩個事實適當的時機：第一個事實是處理人事問題和問題優先順序排序問題對於一個人的重要性和這個人是否在商業領域任職有關，這一點值得進行最細緻的研究；第二個事實是當一個人在任何一個合作型企業中晉升職務級別的時候，需要他不斷提高有意識推理這一技能，而且這一點他是無法逃避的。

Part 3　實現思考的價值

第九章
宣傳與公關策略中的思考運用

宣傳是一門藝術,而不含令人費解的奧祕 —— 宣傳是可以用普通分析來推理的 —— 廣告方法的謬誤 —— 廣告的外在表現以及「商店風格」的創造 —— 令人滿意的商店風格的 10 個要點 —— 藝術技巧 —— 廣告文案的奧祕 —— 文案的定義 —— 廣告媒體的選擇和使用 —— 公共關係和宣傳

Part 3　實現思考的價值

　　眾所周知，宣傳是一種藝術性的冒險，也有其內在的奧祕。廣告視覺部分的創作與版式設計和插圖有關，乍一看，這個觀點似乎是正確的。充滿靈感的文案、一些令人愉快的詞語搭配，這些成分組成的廣告作品使讀者難以抗拒廣告文案撰寫人所建議的行動方案，這似乎也證明了上面的理論。圍繞著廣告文案和藝術作品去促使創意的誕生作為第三個至關重要的過程，進一步證實了廣告是一門藝術，而不是科學。但這並不是說，它作為一門藝術不會受到普通分析過程和某些基本指導原則公式化規定的影響。創作悲劇劇本同樣也是一門藝術，但這並沒有阻止亞里斯多德寫一篇文章來描述藝術應該遵循的原則以及可以衡量藝術的原則。這是一個重要問題，而且我希望詳細闡明這個問題。

　　當我剛進入商界時，經過最初一段時間的培訓之後，我進入了銷售領域。我從這個領域熟練的從業者那裡得知，商品推銷是一門藝術，也有其奧祕。可以肯定的是，有些普通的工作技能是可以透過學習來掌握的，但有些則不是，例如對商品的真實感覺，據說這樣的才能是一種天賦。我被告知隨著時間的推移我就會發現，或者更準確地說，別人會幫我發現，我是否具備這種天賦。如果我不具備這種天賦，那麼我就沒有足夠的能力順利進行銷售實踐。我還被告知一種精明的、現實的價值觀，尤其是可變通的價值觀，是成功商人的天賦才能中不可或缺的一部分。即使我具備了第一個條件，但似乎並不具備第二個條件，

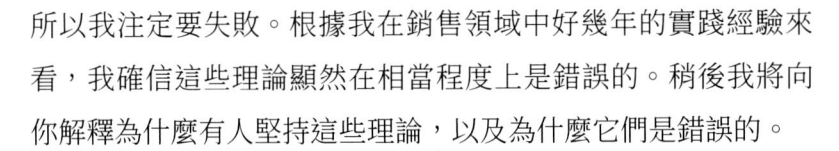

第九章　宣傳與公關策略中的思考運用

所以我注定要失敗。根據我在銷售領域中好幾年的實踐經驗來看，我確信這些理論顯然在相當程度上是錯誤的。稍後我將向你解釋為什麼有人堅持這些理論，以及為什麼它們是錯誤的。

後來我離開銷售領域，轉而進入了經營管理領域，當我正處於過渡時期的時候，我得到了一個忠告。有人告訴我，成功實踐管理藝術的前提條件是必須具備某些神祕的天賦才能。也有人說，要想在管理上取得成功，必須具備一種非常特別的才能，在與人打交道時，感知別人的反應，要運用這種第六感來提升團隊士氣和發揚合作精神。另外，還需要一種仔細分析所運用的方法中存在的問題的非凡能力。這種能力也被視為一種以簡單有序的方式來規劃複雜工作的不同尋常的天賦。對我來說，這些並不是管理領域中的全部奧祕，我認為只是一種公平的抽樣而已。我在管理部門工作了許多年，發現這些陳述顯然在相當程度上都是不真實的。

我離開管理領域後，轉而進入了宣傳領域。這個領域堪稱其中蘊含「奧祕中的奧祕」。曾有人向我描述過銷售和管理領域的小奧祕，但是它們根本不能與下面這些宣傳領域中真正的內在奧祕相提並論。極少有人能真正理解宣傳。那些天生就具備這種理解能力的人是如此幸運，他們來到這個世界上的時候就擁有這樣的天賦，而他們日後在人生中所獲得的一切只不過是稍微發揮了一下他們所具備的才能。有些人能夠撰寫文案，有些人善於版式設計，還有些人的頭腦中裝滿了優秀的宣傳創意，而

極少數天賦異稟的罕見人物能夠同時擁有這三種天賦——這三種技能都是他們所擅長的。這就像天生長了紅頭髮一樣，你要麼長，要麼不長，在這件事情上你絕對毫無任何辦法。我聽到過很多具有破壞性的胡言亂語，我認為上述這種對宣傳的理解是最不能接受的。在我看來，在銷售領域中並沒有什麼不可探知的奧祕，在管理領域中也沒有，在宣傳領域中同樣沒有奧祕可言。

我說過我會嘗試告訴你為什麼有人堅持這些觀點，以及為什麼它們是不真實的。據我所知，堅持這些觀點的人都是該領域的從業者，他們有兩個充分的理由這麼做。首先，大多數成功的從業者都是憑直覺行事，從來沒有將他們的思考過程提升到語言層面。他們在錯誤地告訴你這些奧祕的時候，其實是非常誠實的。這些的確是奧祕，但只有從這樣一種意義上來說才是如此，即人們甚至在探索奧祕的時候也從未向自己解釋過這些奧祕。並不是這些奧祕無法解釋，只是沒有得到解釋而已，這是非常明顯的事實。

我認為這些人藉口堅持這些觀點的另外一個理由恐怕相當不厚道。如果你在某些事情上做得很好並以此作為謀生之道，那麼堅稱你能做好這些事情有其中的奧祕並且無法解釋，是完全符合人類特性的行為。如果可以被解釋，並因此被其他人學會了，那麼你自身的市場價值可能會急遽下降，你的自尊心肯定也會受到傷害。我不知道我說的第二個理由有多普遍，但我可

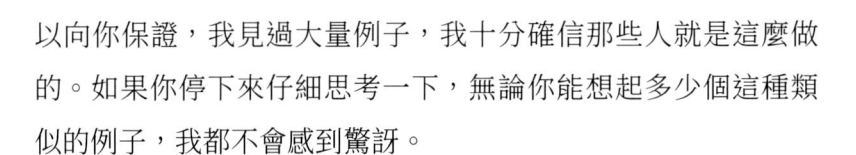

第九章　宣傳與公關策略中的思考運用

以向你保證,我見過大量例子,我十分確信那些人就是這麼做的。如果你停下來仔細思考一下,無論你能想起多少個這種類似的例子,我都不會感到驚訝。

我答應過會向你指出我認為這些觀點在哪些方面是錯誤的,而且我之前也採取了謹慎的說法,並沒有說它們是完全錯誤的,而是說它們顯然在相當程度上是錯誤的。在前面的章節中,如果你還記得的話,我們曾注意到直覺能夠解決某些明顯無法用邏輯解決的問題。在銷售、管理以及宣傳這三個領域的藝術性實踐中,只要涉及只有透過直覺才能解決的某些超出邏輯範圍以外的問題,那麼那些充滿奧祕的理論至少在某種程度上是可以成立的。這種理論中不能成立和帶有破壞性的部分在於對超出邏輯範圍以外的問題的數量過於誇大。這種誇大被邏輯學家稱為「外推」,我想我應該暫時離題片刻來向你解釋一下這個很有用的術語的含義。

形式邏輯的基礎是「如果……那麼……」這種推理形式,它可以用圖形來表達。你可以在一張座標紙上畫一條較短的斜線。然後問問自己:「如果我將這條線延長15公分,那麼它會在哪一個點上停止?」用一把刻度尺沿著這條線再畫一條15公分長的直線,你就可以確定這個點的確切位置。這樣作圖的含義等同於用文字來表達,如果一條線段沿著給定的方向在同一平面和同一方向上繼續延伸15公分,那麼這條線段端點的位置就可以確定。然而我們假設最初的那條線隨意一看似乎是一條

直線，但實際上它是一個非常大的圓形的一小部分圓弧。在這種情況下，雖然這條線看起來應該是直線，但我們知道它實際上是稍微彎曲的，而且如果這個圓是標準的圓，那麼這條線的方向就會不斷改變，就像用圓規畫圓一樣。外推類謬誤就是把這樣的曲線當作一條直線的謬誤，並聲稱如果將這條線繼續延伸一個給定的距離，那麼它就會到達某一個點，用一把直尺沿著這條線再畫一條直線，就可以確定這個點的確切位置。這類謬誤屬於歸納謬誤，之前以另一種方式已經討論過，我們當時提到過個案數量不足可能會導致錯誤的歸納概括。在我剛才使用的圖形例子中，你可以透過沿著那條線測定出足夠多的點的位置，來獲得豐富的案例，從而使你能夠確認那條線實際上是一條曲線，而不是一條直線。

對於在商業領域中故弄玄虛的那些人而言，他們所犯的邏輯謬誤同樣是外推類謬誤。因為事實上這些人格專注於透過直覺解決少量他們外推的超出邏輯範圍以外的問題的突出案例。他們假想該領域中任何有效的解決辦法都必須透過同樣的方式來獲得。正如我到目前為止所了解的那樣，從數量上來說，在商業領域中大多數重要的問題都是在邏輯範圍之內的問題，而不是超出邏輯範圍以外的問題，從定性上來說同樣如此，這是非常明顯的事實。

對於這個概念的重要性，無論我怎麼著重強調都不為過。商業人士正在努力解決的問題在相當程度上都很容易受到一兩

第九章　宣傳與公關策略中的思考運用

種我們在這本書第二部分中討論過的那些能夠被理解和掌握的分析形式的影響。我在這一章中特別強調這一點，因為我們在這一章中研究的是商業中能最成功且持久地實施「詐欺行為」的階段。請不要誤解我的意思。有些誠實的廣告業人士不會故弄玄虛。但也有一些出色的廣告業人士會演繹各種「奧祕」。我要說的是，即使你欣賞這些奧祕，而且接納它們、支持它們，但是宣傳藝術的主要部分仍然繼續存在，而關於這些主要部分的問題都可以透過分析來解決。

　　進入宣傳領域的時候，我沒有任何相關的經驗，但已經開始對存在奧祕這一點產生懷疑。不過有一點我深信不疑，那就是每個領域都有它自己特有的實用的技巧，而且對這種技巧的理解是在一個領域中成功工作的必要條件。我認為應該先諮詢一下我認識的那些事業成功的廣告部門的高級主管，請他們告訴我廣告業的技巧，我花了相當長的時間去諮詢這些人，希望能發現我想要的技巧。他們非常樂於助人。這些人之中的大多數都是極為健談的人，但是他們並沒有給我想要的答案。我相信這是因為他們沒辦法回答我的問題，而不是不願意。他們的成功靠的是直覺。他們每個人都把自己在廣告業中所遵循的準則相當詳細地告訴了我，但這些準則都是與現實脫節的，沒有什麼實際意義。因此我被迫得出了這樣的結論：正如他們所謂的那些準則所解釋的那樣，他們認為自己做了什麼事情和實際上做了什麼事情以及實際上遵循什麼準則，這根本就是兩回

事，所以我無法從他們那裡得到任何幫助。

我無奈地決定，如果想對廣告業背後真正的準則有所了解的話，我就必須在書本中而不是談話中尋求答案。我從那些對此最為了解的人那裡收集了一大堆關於廣告技術的書籍。為了彌補我的不足，我翻遍了這些枯燥的長篇專業書籍：版式設計方面的書、廣告文案方面的書、媒體選擇方面的書等等。我閱讀這些書籍所獲得的回報遠遠少於我和那些人談話。他們至少都很聰明，而且也很有趣，而這些書落伍且充滿學究氣。當發現既不能從別人身上也不能從書中獲得我想要的啟發時，我選擇了似乎是明擺著的第三條行動路線。我告訴自己：「就算最有經驗的廣告業人士既不能在談話中也不能在書中闡明他們自己的廣告業準則，但是我可以自己進入廣告業去實踐，同時闡明我自己的準則。可能我會以失敗而告終，但我是敗於一個自己始終堅持的基本原則，而不是像有些人毫無追求得過且過，至少在這一點上我會得到小小的滿足。」

於是，我踏上了一場激勵人心的冒險之旅。我很清楚，指導我自己在廣告業中實踐的準則，也即我提出的準則都可以說是最新的準則，同時也可以說並不是最新的準則。可以說是最新的準則，是因為到目前為止我能夠找到的廣告業準則沒有一條算得上是名副其實的準則。也可以說並不是最新的準則，這是因為如果我提出的準則正好是那些依賴直覺的從業者長久以來斷斷續續地用來謀生的手段，那麼他們就會認為我提出的準

第九章　宣傳與公關策略中的思考運用

則不過是以前就有的東西。

我沿著這些思路解決的第一個問題是百貨公司登在報紙上的廣告的表現。當時我面臨一個緊急問題：我迫切希望廣告品質在我的監督之下能夠盡快提高。在這件事情上有幾個合適的施力點，但根據我確定的問題優先順序排序原則，我決定首先考慮外觀，接著是廣告文案，再接著是媒體選擇，我被迫將廣告傳遞的資訊這個根本性的問題排到了最後一位。因為真正的問題是盡快從實質上改善廣告的表現。

在實踐那些我希望闡明的準則之前，我必須事先做一件事，即保證我身邊的人都是專家級的技術人員——他們能夠完成必要的工作，而且具備較強的適應力，這樣他們就會願意遵循我們將要闡明的那些準則來履行他們的職責，即使這些準則可能會與他們以前的做事方法有所不同。

這些人員一到公司，我們就立刻舉行了第一次會議。我向他們解釋說，我對廣告業一無所知，但是我希望下面這幾點可以成為改善廣告表現的有利因素。我一直無法從其他人身上或者從書籍中得到幫助，在我看來，制定自己的準則似乎不可能造成什麼損失，因為我們無法從其他人那裡得到這些準則。我建議我們立刻開始工作。

我告訴他們，我們將從廣告表現的問題開始著手，而我想探討的第一個問題是，在改變廣告表現時，我們是否應該建立一種廣告圈中所謂的商店風格。這種商店風格應該是大家一致

Part 3　實現思考的價值

認同的,能夠展現商店特有的風采,從而使廣告受眾在不經意的一瞥之下,甚至在看見商店的名字之前就知道眼前的廣告很明顯只可能出自於某個特定的商店,而不可能是別的商店的廣告。商店風格的不足之處在於單調乏味和缺乏靈活性這兩個方面。而一個擁有某種風格的商店的優勢也在於兩個方面:第一,彰顯有價值的個性;第二,在商店的廣告受眾中間建立一種習慣性認知可能會帶來的效益。關於這個問題我們進行了廣泛的調查,然後得出了結論:具備商店風格的商店的效益都比較好。於是,我們自然而然地要來討論「是什麼風格」和「如何塑造這種風格」這兩個問題。

在塑造商店風格工作的開始階段,建立一個理論要求清單似乎是明智的做法,任何一種商店風格都必須符合這些理論要求才能被接受。因此我們開始建立下面這個清單。你會發現,我們完全是透過一種小兒科的方式來建立的,然而這樣做本來就是理所當然的事情。事實上,我們就是在討論如何塑造一種簡單的商店風格。下面就是我們建立的清單。

一種令人滿意的商店風格必須滿足以下要求:

1. 一種令人滿意的商店風格必須是與眾不同的,因為塑造一種商店風格的目的之一,就是把一個商店的廣告表現與這個商店的受眾會看到的所有其他公司的廣告區分開。這個首要條件是顯而易見的並且是恰當的出發點。

2. 一種令人滿意的商店風格必須是更好的商店風格。這

第九章　宣傳與公關策略中的思考運用

是一個更加微妙的觀點，儘管根據我的經驗來看，當這個觀點第一次被提出的時候，它聽起來很愚蠢。已經有相當多的廣告商體認到，與他們的競爭對手之間存在差異是一種有利條件。在那些為了實現這種差異而倍感焦慮的人之中，有相當一部分人憑藉更糟糕的風格成功地實現了與眾不同。我們傾向於懷疑與眾不同是否可以作為一種絕對的優勢，以便足以證明這種解決方案確實是合理的。關於某個商店憑藉更糟糕的風格成功地實現了與眾不同，我來為你舉一個我認為非常恰當的例子。幾年前，有一個公司渴望變得與眾不同，這一點本身是值得讚賞的，但這個公司決定透過使用一種其他廣告商都沒有使用過的字體來實現這一目的——一種典型的列印字體。他們使用了這種字體，並且從那之後也一直斷斷續續地使用著。這些事情都是存在分歧的，而我的觀點是，這個商店正好落入了我們決定要避開的陷阱。其憑藉更糟糕的風格成功地實現了與眾不同。這種列印字體非常容易辨認，但從設計優秀字體的規範來看，這種字體既醜陋又不吸引人，總而言之是一個字體設計的不幸案例。我還沒有聽到過任何一名優秀的字體設計師認為這種字體有什麼優點。

另外，還有一個商店也決定透過字體來確保在視覺上的與眾不同，並且他們選擇了一種不那麼令人討厭但仍然有些不倫不類的修改版字體，原版字體最初是由字體設計師弗雷德里克·威廉·高迪（Frederic W. Goudy）所設計的一種字體。不過這個商

店雖然犯了錯誤但至少有一點很幸運,一位詼諧幽默的評論家對這個商店選用的字體發表了這樣一句評論:「整齊但絕非高迪式的字體」,因此讓大家留下了不可磨滅的印象。

　　3. 一種令人滿意的商店風格必須非常靈活。百貨公司的廣告表達的資訊五花八門。男性用品、女性用品、兒童用品以及家庭用品等等,商店對這些商品都要做廣告,用定期以折扣價銷售一些品種的商品這種形式來做廣告。所有這些內容上的變化都要求廣告設計必須具備多樣性。所以只有足夠靈活的商店風格才能適應這些變化,並以適當的形式展現出各種不同種類的資訊,這樣可以實現理論上的個性化優勢,但不等於一定會帶來實際價值。然而廣告的最終目的是為了產生效益,同時這也是最終用來衡量廣告的唯一標準,對於那種具有藝術性思維的廣告業人士來說,這或許是一件很遺憾的事情。還有另外一個原因也要求每一種令人滿意的商店風格都必須非常靈活。作為商品的供應者,商店其實是大眾的採購代理人。所以商店應該對他們所服務的群體不斷變化的狀況和需求保持敏感,除非一個商店時常向大眾展現出一些其正在營業且不斷變化的便於連繫的表達方式,否則大眾很可能會認為這個商店已經不存在了。而大眾對商店抱有這樣的看法,對任何一個商店來說都是絕對不願意看到的事情。因此,任何一種令人滿意的商店風格所包含的要素都要服從這樣的規則:在始終合理地保留基本的商店特徵的同時,應該在細節處理上每年都做出一些改變和更

新,目的是從視覺上證明商店在持續營業以及時不時地改變一下展示商店形象的方式。

4. 一種令人滿意的商店風格應該充滿活力,而不能有氣無力。這個要點似乎相當合理。假設有個人找到你,向你推銷一份雜誌,或是一份人壽保險,又或者是一種新型藥膏。如果這個人看起來似乎身體虛弱,而且根本無法用堅定有力的話語來表達他的請求,那麼我自然會懷疑你是否會做出一個令他滿意的回應。我想即使他表現得充滿活力,恐怕你也不見得會答應他的請求。他可能表現得太有活力,甚至有點咄咄逼人;他表現出的活力可能恰到好處,但是他推銷的產品並不合適,或者因為各種別的什麼理由,你都有可能拒絕他的請求,僅憑活力並不能保證成功。我的意思是缺乏活力極有可能導致失敗。

5. 一種令人滿意的商店風格應該簡單,而不是複雜。我不準備在這一點上進行過多的闡述。我想說的是,雖然簡單事物的吸引力並不總是很容易就能形成,但是在大多數情況下,對簡單事物的吸引力有所反應的人比對複雜事物的吸引力有所反應的人更多。複雜事物的吸引力往往會互相產生一些干擾,而簡單事物的吸引力往往可以避開這些干擾。

6. 塑造一種令人滿意的商店風格的花費必須控制在合理的範圍之內。花費巨資去買一種不划算的高級商店風格,這絕不是什麼好主意。即使花了一大筆錢,你可能還是得不到你想要的商店風格。然而真正的麻煩比這還要嚴重得多。因為廣告只是

一種零售分銷過程中的附屬品，如果你的廣告做得極為出色，但是廣告的費用耗盡了公司的財力，那麼你這個公司肯定會沒錢繼續為大眾服務，要麼就沒錢去做廣告。

7. 一種令人滿意的商店風格應該可以使具體實現這種風格的設計師能夠受到啟迪。可以想像一下，你可能會設計出一種風格並採用了這種風格，它符合我們已經列出的所有其他理論要求，但是這種風格駕馭起來如此困難，以致從任何實用目的來看，它都是毫無價值的。

8. 一種令人滿意的商店風格應該可以透過生產相關物品的機器來實現。如果你喜歡這種說法的話，上面第 7 條中所提到的設計師就是人體機器。但是在這裡我所考慮的是物理機器——印刷機以及要印刷的紙張的種類。現代化的快速印刷和廉價紙漿製成的報紙用紙都不能進行真正的精細印刷，所以如果你採用的是一種用於報紙廣告的商店風格，那麼它的精髓一定不能含有那種不能在機器上印刷和複製的精細細節。

9. 一種令人滿意的商店風格應該與商店傳播的個性特徵和受眾的需求相協調。西爾斯‧羅巴克（Sears, Roebuck）公司和卡地亞（Cartier）公司需要不同風格的廣告恰當地反映出它們各自的個性。同樣，美國紐約州和北達科他州的受眾有著完全不一樣的需求，這就要求你必須用完全不同的廣告形式才能真正滿足這兩個群體的獨特個性需求。面對這個問題，全國的廣告商都被迫去尋找最小公分母，也就是能同時吸引紐約州和北達科

他州受眾的某種風格。僅在一個有限地區經營的商店保證它傳播的資訊更貼近當地受眾的需求時，它在調整資訊的呈現方面有著很大的餘地。

10. 一種令人滿意的商店風格應該是持久的。隨著越來越多的受眾對某個商店個性化風格的辨識度越來越高，這個商店獲得的效益就會不斷增加，如果人們認為這個觀點是對的，那麼持久的商店風格就是一個合理的要求。也就是說，無論商店採用哪種風格，都會在幾年之內一直使用這一風格，以享受這種不斷增加的效益，這也是最初採用某種商店風格的主要動機之一。

以上就是我們完成的商店風格的理論要求清單。因為這個清單和所有的分析一樣都是不完整的，所以它也稱不上是詳盡無遺的。我認為清單中提出的都是一些最基本的要求。在確定完全理解了這十個要求的含義之後，我們覺得已經準備好了進行下一步工作──建立一種商店風格。我回顧了一下我們在處理這個問題時我做的筆記，其中包括下面的備忘錄：

建立商店風格的過程中可以運用的元素清單

應該指出一點，沒有哪一個商店有資格，或者說應該嘗試去發明一種新的藝術形式。從嚴格意義上來說，這個問題實際上等於如何從公認的舊的藝術元素中提煉出一種新的綜合

體──只是將競爭對手商店不經常使用的藝術元素組合起來創作一種具有內在一致性的藝術組合形式,從而使商店具備個性化。下面就是為了達到這一效果可以運用的部分元素清單:

1. 版式設計,也就是合理調整內容部分和留白部分。如果將版式設計作為一種與眾不同的元素,那麼最好採用動態的設計而不是靜態設計。

2. 藝術作品的類型。假設你列出了一個相當全面的藝術作品類型的清單:水彩畫、照片、蝕刻劃、線雕畫、日本印刷術、超現實主義手法、木版畫等等,那麼你就能從其中找到滿足你的要求的藝術作品形式。在上面列出的範例中,我特地將諸如水彩畫和線雕畫這樣一般的類型,與諸如蝕刻劃和日本印刷術這樣的特殊技藝結合在一起,目的是為了表明詳盡的清單應該包含這兩種類型。

3. 字體選擇。字體應該放在最後來選擇,既要符合優秀字體的客觀要求,又要符合與其餘部分的風格相協調的要求。

這些似乎充分說明了問題所在。我們不會去發明什麼新的東西,只是會用一種全新的方式來處理所有這些內容,然後當風格建立完成的時候就能使它們打上我們自己獨特風格的烙印。然而並沒有那麼多的內容可以被用來這樣處理。這看起來比我們最初想的那樣要簡單得多。我們只需要牢記這一點:無論我們處理的是哪些藝術元素,最終得到的綜合體都必須用我們列舉出的那十條理論要求來衡量,並保證全部符合要求。在開始實作

第九章　宣傳與公關策略中的思考運用

之前，我們找到了一個相當有用的訣竅。

我們擺出了競爭對手在過去幾週釋出的所有廣告，而且列舉出了它們運用的展現商店風格的共同手法。這個列表被證明是一個非常有用的指南，可以告訴我們哪些事情是應該做的。只要我們想讓自己的風格與眾不同，那麼無論他們共有的這些風格是好還是壞，都是我們應該避開的。然後我們開始考慮上述那些元素。我們已經知道版式設計就是其中之一，也已經知道最好採用動態的設計，而不是靜態設計，還知道應該避開競爭對手使用的版式設計中共有的特徵，而其中大多數碰巧都是靜態的設計。版式設計中可以做的事情並不多，我們很快就在這個元素上得出了一個結論。

然後我們轉向了藝術技巧。這顯得更困難一些，但是經過大量的試錯之後，我們在這個元素上也得出了一個結論。

字體選擇的問題就非常簡單了，你很快就會看到這確實如此。當我們最終確立了商店風格的時候，和我們事先知道的一樣，只包括三個元素且這三個元素都不是全新的元素。但正是這三個元素組合在一起形成的效果，才使商店風格被賦予了我們自己的個性。

第一個元素是版面設計。我們採用了這樣的一個設計原則，在廣告中留出一個相當大的位置，呈現一個很長的曲線形的商品介紹，其兩側邊緣可以被用來放置其他元素。

第二個元素是藝術技巧。最好的選擇應該是運用一種混合

型的藝術技巧。我們選擇了三種藝術技巧：在較大的空間上使用照片（或者模擬照片，例如水墨畫），其他地方使用素描來表現各種商品介紹，用一種典型的鋼版雕刻作為商品介紹的背景。

　　第三個元素是很容易做到的事情，一旦我們決定避免現有廣告中的那些共同的做法，那我們就既能做得很好，又能與眾不同。在商店廣告中有一個由來已久的傳統，因為斜體字即義大利體的辨識度較低，所以你應該對這樣的一些斜體字避之而唯恐不及。顯然人們要麼是忘了，要麼就是不知道早期的一些偉大的字體設計師曾經設計並使用了幾種大獲成功的斜體字，這幾種斜體字既美觀又容易辨識。因此，我們採用了一種經典的波多尼體的斜體字，我們確信這就是我們想要尋找的與眾不同的字體。我記得當時我們虔誠地希望所有商店都會一直相信羅馬字體具備優勢，從而永遠確保我們自己的字體與眾不同。不幸的是，在我們證明斜體字實際上可以使報紙廣告變得更優雅而且更與眾不同之後，其他商店繼續相信羅馬字體具備優勢的情況並沒有持續多久。

　　現在我們有了自己的商店風格。但它還需要繼續測試，首先要根據我們的理論要求，然後是最終的使用實測。當我們的商店風格似乎已經滿足了理論要求的時候，我們就將它投入了實際使用。

　　這一切都發生在幾年前。我相信你會有興趣知道結果。首先，這種商店風格奏效了，也就是說，它替商店帶來了更好的

第九章　宣傳與公關策略中的思考運用

效益。其次，據我們所知，它滿足了那些難以捉摸的需求，其中包含了許多重要的觀點和專業意見，而不是簡單地衡量商店風格。在我們的商店風格推出的頭兩年，它是整個美國被複製最為廣泛的商店廣告風格。它在整個廣告領域贏得了每一項國家廣告獎項。換句話說，它獲得了相當大的專業讚賞。這在一定程度上要歸功於我們的商店風格最初所遵循的正確原則。當然，也要歸功於建立這些原則並理解和信任這些原則的原始團隊非常專業地執行。那些獲得的廣告獎項所代表的認可本身並不能證明什麼。然而，在沒有固定衡量標準的情況下，只有得到那些專業領域挑剔的專家的認可才是令人安心的，因為這些專家的意見想必是最值得採納的觀點。

值得注意的是，我們所描述的商店風格在實踐中滿足了最初的十項理論要求中的每一項。它是一種與眾不同的、更好的，而且非常靈活的風格。它是一種簡單的、充滿活力的，而且符合設計師、機器以及受眾需求的風格。最後，它是一種經濟的、允許每年變化和更新而不會失去自身原有特徵的風格。

在我個人看來，它是我所處理過的問題中最令人滿意的之一。我們經歷了一個複雜的過程，這個過程以前被認為是帶有藝術性的而且不容易分析的過程，但是我們證明了合理運用有序的思考來解決這個問題可以得出完全令人滿意的全新的解決方案。

我現在想和你一起審視一下整個宣傳領域的其他一些方

面。我並不是要為那些想成為廣告部門高級主管的人寫一本速記手冊,但我想展示一些將思考應用在某一類特殊的商業問題上所產生的結果。然而,在商業活動的其他方面中,例如行政、管理、銷售和控制這些領域,我將會在每個領域中只選擇一兩個重要的問題來研究,因此我認為你會發現有一個領域很有啟發意義,那就是宣傳,對這個領域我們研究地相當徹底,這樣你就可以從某種程度上對思考的結果得出一些結構方面的觀點。在宣傳這個領域,我能提供給你們的最簡單當然也是最具體的證據自然都來自我自己的親身經歷,因此我將繼續描述我在宣傳這個領域工作期間所了解的情況。

　　當我們有理由相信在改進商店廣告的表現方面已經取得了一些進展之後,我們認為下一個要解決的問題應該是廣告文案。我們剛剛完成了一個令人滿意的實驗,那就是制定和使用既定原則來完成藝術風格的創作,我們有信心採用類似的方法來改進商店的廣告文案。而廣告部的工作人員這時候已經對我在處理廣告方面工作中的異想天開有些習慣了,所以當我提出對廣告文案的風格制定某種公式的可能性時,所有廣告部的工作人員齊聲發出的抗議使我感到有些驚訝。事實上,他們都感到很震驚,他們說:「撰寫廣告文案,就像寫其他東西一樣,完全是一種個人的、個性化的冒險行為,不可能被限制在一個既定的公式之內。一個廣告文案的整個風格以及特別之處,在於它能不受限制而且自發地表達一個人的觀點以及一個人對某個

第九章　宣傳與公關策略中的思考運用

東西或者一系列情況所做出的反應。」我向他們耐心解釋，告訴他們我明白他們所說的話，但我無法同意他們的說法。我指出了我們商店藝術部的經驗，在開始的時候同樣拒絕這些既定原則，基於同樣的理由，我提醒了這些設計師，現在所完成的作品正是在既定原則的指導下才得以完成的，而且在實踐中並沒有發現這些原則限制了他們個人創意的發揮，也沒有以任何嚴肅的形式限制他們展現個人豐富多彩的表達能力。然後廣告文案撰寫人喊出了一個古老的口號：「這是不一樣的！圖片是圖片，而文案是文案，如果文案完全要按照一些公式（他們所懷疑的公式）來編寫，那就會變得十分痛苦！」於是我問他們是否知道大多數偉大的作家在他們的寫作生涯中都有某個時期會嚴格地模仿其他作家寫作。我引用了一些例子——托馬斯·查爾頓（Thomas Charlton）、馬克斯·比爾博姆（Max Beerbohm）、維吉爾（Vergil）、詹姆士·喬伊斯（James Joyce）、愛德華·菲茨傑拉德（Edward Fitzgerald），以及其他很多可敬的作家。於是他們都說知道偉大的作家也會嚴格地模仿其他作家寫作，而我甚至想粗魯地質疑他們的說法，但我不能這麼做。最後我不得不這樣表達我的觀點：「無論你們是否相信這個方法，讓我們認真嘗試一下吧。如果這個方法不能奏效，那麼你們可以很滿意地證明是我錯了，但與此同時，你們必須盡最大努力來讓它奏效。假如這個方法確實奏效了，必須誠實地告訴我。」他們答應了，並且表示作為誠實的人，他們一定會說到做到。

Part 3　實現思考的價值

　　我想在此向你說明一下，為什麼我要如此詳細地描述這些既聰明又經驗豐富而且心地善良的人們最初的牴觸。他們的這種牴觸是一種人們對新思想的入侵普遍持有抵制態度的證明。大多數人從本質上來說都是保守派。相對於未知事物而言，他們更喜歡已知事物。任何新的想法，至少在暫時來看處於未知邊緣的就都是可疑的。我在研究商業問題時經常遇到這種典型的反應，而且在很多方面都遇到過，因此我對這種反應持一種相當憤世嫉俗的態度。這種態度體現在如果我把我認為的新想法介紹給一群商界人士，而且不會遇到什麼實質性的阻力，我發現我自己就會自動地做出這樣的假設，我的這個想法不新鮮，也不是什麼好主意。但我實際上並沒有由此進一步歸納出一個合理的結論，因為它本身並不是一個合理的結論。有一些好的新想法一經提出就會立即得到熱烈的響應。我要說的是，如果你提出了一個新想法，而它沒有受到任何負面的批評，缺乏反對意見對你來說可能是件好事，但是在全心全意地堅持這個想法之前，你至少要仔細地再次質疑一下這個想法的價值。

　　在大家同意去嘗試建構廣告文案的公式之後，我們進行了一項例行的工作，列出問題的優先順序排序。有人建議，第一步應該是適當地對廣告文案進行定義。我們在處理藝術風格時並沒有這樣去做，儘管這樣做實際上會更好一些。但在處理廣告文案時，廣告文案的本質和功能上似乎存在太多的混淆和差異，所以如果我們不對其定義，很顯然不可能進行非常深入的工作。

第九章　宣傳與公關策略中的思考運用

　　我們將廣告文案定義為試圖透過對文字的巧妙處理將某種思想植入人群頭腦中的過程。也就是說，廣告文案是為了達到某種特殊的商業目的而試圖巧妙地處理文字。當你用這種方式定義廣告文案時，你就會開始對為什麼沒有寫出更多好的文案有所了解。我想我認識一百多位廣告文案撰寫人，我想我已經問過他們中的大多數人這個問題：「你如何定義廣告文案？」但我從來沒有得到過和我們上述的定義比較類似的答案。我想如果他們用類似於上述的方式定義了廣告文案，那麼他們之中的大多數人可能會想到，如果一位專業的文案撰寫人能夠認真地請教歷史上那些作為偉大作家而名垂青史的「為了某個目的處理文字的人」，或許會對他有所幫助。

　　毫無疑問，偉大的文學作家也有可能為了某些其他的目的去處理他們的文字，但他們全部都試圖在讀者頭腦中植入思想和情感。我從不認為商業文案寫作是一種文學活動。然而，我知道廣告文案撰寫人可以透過對優秀文學作品和偉大作家的進一步了解，來提高他們自身的技能。但是在我所認識的那一百多位廣告文案撰寫人之中，只有極少數人算是達到了你所知道的那種文學精讀水準，而這極少數人之中在離開學校之後還保持這種閱讀習慣的更是鳳毛麟角了。我記得這一百多位廣告文案撰寫人中有兩個人讓我感到驚訝，他們說自己故意避免去進行一些不必要的閱讀，因為他們害怕如果閱讀和了解了太多其他作家的風格，就會失去他們自己的風格。

Part 3　實現思考的價值

　　如果那個時候《如何閱讀一本書》這本著作已經出版，而且時間也允許的話，我們或許應該拿出幾年時間來培訓我們廣告文案工作人員，那將會大有裨益。但是我們無法做到這樣，我們被迫盡可能迅速地展開工作。我們分析並列出了創造一種文案風格時可以用來處理的元素。我們考慮了這樣一些元素，例如單字的長度；常見和不常見的單字；單字的感情色彩和韻味、節奏和速度；有意為之的標點符號的使用技巧，以及很多其他的元素。我們召開了非常多的會議，長時間認真地討論各種戰術，但是始終沒有找到解決方案。我認為事實上我已經激怒了所有人，因為我已經概述了問題，指出了所有方向，提出了方法，而且的確已經完成了所有工作，只是沒有實際填滿所有的細節而已。我甚至告訴他們，有了他們現在掌握的資訊，任何一個有文化和有智慧的人都應該能在一個月內解決這個問題。然而許多個月過去了──卻始終沒有任何解決方案。

　　在此期間，我們請來了一位首席廣告文案，他是一位相當博學的紳士，而且還有一種不同尋常的能力：他對文字的弦外之音非常敏感，並且在運用這種弦外之音上有著罕見的天賦。我們仔細地向他解釋了我們遇到的問題的各個方面以及希望解決方案遵循的路線，然後他開始努力工作。他堅定勇敢地爭取了8個月。我們兩個人都徹底灰心了，而其他的廣告文案撰寫人早已如此。最後，首席廣告文案靈光一閃。有一天，他在家裡寫出了一份關於這個問題長達8頁的大師級解決方案。這個

第九章　宣傳與公關策略中的思考運用

解決方案滿足了所有的理論要求，立即被我們採納，並且從那時起就一直在使用它。有些廣告文案撰寫人在遵循這個公式時，從一開始就遇到了真正的困難。然而經過一段合理的適應期之後，他們都能熟練運用該公式。他們之中有幾個人後來曾告訴我，隨著他們對公式的理解和熟練運用，他們有生以來第一次有了這種感覺──感覺到自己是專業廣告文案撰寫人，知道自己在做什麼。這種感覺令他們相當滿意。

下面是首席廣告文案關於這個問題的大師級解決方案的兩段簡短的摘錄。第一段是問題的陳述，標題是：「構成一種文案風格的元素是什麼？」

文字中是這麼說的，「從本質上說，文案風格反映了廣告文案撰寫人的個性，也反映了他的人生觀。他的作品越能清晰地傳達這種觀點，他的風格就會越具體而且越鮮明。可以肯定的是，這必須建立在一些前提下：第一，廣告文案撰寫人持有某種觀點；第二，他有能力傳播這些觀點。而這兩個必要因素並不總是存在的。根據我的觀察，一般的廣告文案撰寫人開發出一種符合這種描述的商店廣告文案風格似乎很困難。即使有可能，也要面臨如何將不同的風格融合成一種簡單的、統一的並且具有內在一致性的風格，而這種風格將是我們廣告中出現的所有文案的典型風格。」

然後是第二段簡短的摘錄，這並不是解決方案的內容，而是一段設定解決方案的介紹：「我提議的這種文案風格現在可

以在全國大多數報紙上看到。它主要是由專欄作家所撰寫的。也許這種風格最突出的特點就是對大眾的熱切認同。它的第二個突出的特點或許是毫無矯揉造作的語言。這種風格的語言幾乎完全是直白的，但是也表現出了鮮明的特點。這樣的語言既可以用於報導某個國家國王和王后的訪問，也可以用於記述教堂裡一次稀鬆平常的晚餐聚會。因為這樣的語言風格拒絕使用特殊的語言技巧，避免出現過於誇張和粉飾的手法，也避免過分幽默，所以它不同於所有的廣告文案。這是一種獨特的廣告文案風格，因為它極具人性化，同時也因為它透過使用簡單而成熟的詞彙而具有的那種韻味。在我看來，這種風格應該會吸引我們的顧客，因為它屬於典型的美國人的風格。它活潑、樂觀、活躍而且友愛。它是八卦新聞的一種昇華形式。它的重要優點之一是那種親密和友誼。這是符合語言習慣的。從非學術意義上來講，這種風格是富有哲理的。它的最後一個優點是值得精心策劃的，因為它代表了整個風格的本質。」

我忍不住還要引用一段摘錄，因為它包含的內容就是這個解決方案的核心所在。首席廣告文案這樣寫道：

「為什麼一個百貨公司不能讓大眾將其廣告的溫暖、簡潔作為這個百貨公司的個性化象徵來評頭論足？就像大眾對記者沃爾特·李普曼（Walter Lippmann）身上的那種清晰明朗的反應一樣。當有一天幾乎所有的媒體──報紙、廣播以及電影──為了競爭而怒吼，日益猛烈（並且越來越荒謬）地向大眾進行資

第九章　宣傳與公關策略中的思考運用

訊轟炸，來提出最新的主張的時候，一種相當個性化但又充滿活力且色彩斑斕的風格會被人們認為是一種長久以來尋求的安慰，同時也會贏得欽佩和尊重，例如這種風格，透過與其他風格之間的強烈對比就會證明這種風格的確如此。」

我不會告訴你我們決定採用的廣告文案風格是以哪位專欄作家的文字風格為榜樣的。這是一個小小的商業祕密。但是我可以告訴你是誰找到了解決方案以及上述這些文字都是摘錄於誰的手筆。他就是我們的首席廣告文案——羅伯特‧斯特倫斯基。他是一位作家，也是一位作家之子。他的作品也說明了這一點。對首席廣告文案的真正考驗在於寫作方面的教學，而他在這方面也展現出了一名作家的才華和他自己的家學。這就是為什麼在他的指導下廣告文案可以按照某種公式寫出來，而且仍然是原創作品。我想確保你能理解這個解決方案對廣告文案問題的全部意義。像所有這些事情一樣，它不是唯一的解決方案，但它是一個很好的解決方案。這個解決方案具有新穎的優點。據我所知，從前任何一個百貨公司的廣告文案都沒有像我們這樣日復一日地以第一人稱單數的視角編寫，報紙專欄作家以這種方式寫作，而且是為全國最大的讀者群寫作。

這是一個簡單而又聰明的推理過程，它使人們體認到，對專欄作家的讀者所追隨風格的改編是目前商店廣告文案作者所能使用的最好的風格，而且是別人都沒有用過的風格。為了把這種新的文案風格成功地引入到廣告中，某些細節的解釋和調

Part 3　實現思考的價值

整是必要的。但我不會讓你來為這些事情煩惱。

重要的是，可以用有序分析的過程來解決複雜的廣告文案問題，並成功地遵照主觀上嚴格建立的支配性原則進行實踐，就像之前在有關藝術風格的案例中所遇到的情形一樣。

關於廣告，我們考慮的下一個問題是媒體的選擇和使用。廣告的買家和賣家在處理這個問題時，通常都會以科學的方法來為自己找到一些冠冕堂皇的理由。廣告賣家會製作一些令人印象深刻的宣傳冊，裡面充斥著各式各樣的統計資料。這些分析往往是不正確的，而且幾乎總是不完整的，在某種意義上，它們實際上運用的是修辭學，而不是邏輯學。邏輯上的困難似乎並沒有帶給這些宣傳冊的作者太多困擾。任何一份重要的報紙都準備告訴潛在的廣告商這份報紙的總發行量和地理分布，而且還可以進一步說明報紙讀者的收入、構成以及購買習慣。如果必須要這樣做，就必須提供更多的資訊，這些資訊涉及這份報紙的全部廣告體系、它的社論和新聞的吸引力以及顯然是透過其專欄的獨家新聞而售出的各種商品和服務的銷售金額，這並不是不可能的事情。這些資訊領域都是非常切合的和有用的，我並不希望抨擊和否定它們。

對報紙出版商來說，這些資料的累積代表邁出明智和先進的一步，至少在一定程度上，它傾向於點亮迄今仍未被照亮的領域。另外我還發現，一些報紙在介紹這些資料時，有著令人羨慕的誠實紀錄。這是一個認真的行業，他們在解釋資料的局

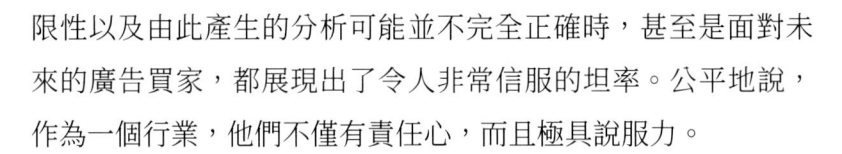

第九章　宣傳與公關策略中的思考運用

限性以及由此產生的分析可能並不完全正確時，甚至是面對未來的廣告買家，都展現出了令人非常信服的坦率。公平地說，作為一個行業，他們不僅有責任心，而且極具說服力。

如果你收到來自紐約6家主要報紙的廣告經理的介紹，你很可能會發現自己的思維如此混亂，甚至處於一種可悲的狀態。這些報社廣告經理每一位都像紳士一樣，會給你無可爭議的證據來證明他所代表的出版品所具備的優越性。他會讓你留下一個深刻的印象：任何一個選擇了另一份出版品而不是他代表的出版品的廣告商，如果聽明白了他的意思，就不會這樣選擇，否則毫無疑問就是腦子出了嚴重問題，早該成為精神分析學家的研究對象。對這些所謂的紳士來說，如果他們是熱情的獵人，那麼潛在的廣告商就像他們眼中的熊，拜訪客戶時，他們就會像獵人對待熊那樣對待客戶。你不能把這一切都怪到他們頭上，並否定所有報紙廣告，但在這6家報紙中，並不是每一家都能成為所有報紙中無可否認的佼佼者，這仍然是一個可以接受的事實。因此，廣告商發現自己需要謹慎地分析問題。

分析這個問題的第一個明智的步驟是，廣告商從他的頭腦中消除通常會犯的非此即彼的錯誤，也就是認為他唯一的選擇是應該用這份報紙還是那份報紙？而這應該是最終決定，而不是第一個決定。第一個決定應該是在所有不同類型的媒體中選出哪一種媒體適合他的某些需求或者所有需求。他不需要讓自己不得不在兩份報紙之間做出選擇。他的選擇範圍很廣，包括

雜誌、報紙、廣播、電影、廣告牌、信件、包裹盒等等一系列媒體。結合預算的多少，他可以根據自己的目的選擇其中的幾種媒體，或者也有可能僅僅選擇一種。無論如何，他都會首先合理地梳理出每一種媒體的相對優勢，除非他選擇用一種自己更習慣的方法來決定宣傳媒介，比如扔硬幣或者接受那個在他看來是最令人感到愉快的銷售代表。

正是在這一點上，廣告賣家銷售代表的陳述被指責是一種不完全的分析。我從來沒有見過哪一個銷售代表的陳述給出過這些不同類型媒體相對的人均資訊覆蓋成本。我同樣也從來沒有見過哪一個銷售代表的陳述給出過同一種類型媒體相對的人均消費金額，而且我也從來沒有見過哪一個銷售代表的陳述，以任何可接受的方式給出過這些不同類型媒體受眾重疊程度的資訊。關於上面我所提到的後兩個問題，我到現在為止也沒有在同一地區的報紙上得到滿意的答案。或許我應該補充一句，我猜這些問題在很久之後才會得到答案。要得到這些問題的答案確實代價昂貴，而且又很困難。但有一點必須弄清楚，這三個問題對做出一個明智的決定來說至關重要。

有人可能會問我：既然在很久之後才會得到答案，那麼為什麼現在還要問這些問題呢？我希望，有鑑於你目前已經讀的本書的內容，你應該已經準備好了對任何這樣的疑問做出適當回答。答案自然就是這本書第六章中更好地思考的基本規則的第二條基本規則。那條規則就是：陳述問題。上面三個問題全

第九章　宣傳與公關策略中的思考運用

部都是正確地陳述問題中必要而且至關重要的部分，如果你也和我一樣，認為在陳述某個問題的時候，即使該問題確切但你可能無法獲得最終的答案，對這個問題的真實陳述往往還是會附帶關於這個問題的某些發現，那麼你就會知道為什麼我要對不完整的分析做出我認為公正的批評。這樣的批評並不是僅僅源自於我始終沒有得到關於這些問題令人滿意的答案，這一事實——正如我所說的那樣，更多是源自於我發現無論是廣告的買家還是賣家都很少提出這三個不可迴避的必要問題。這是邏輯上的錯誤，而每年都有數百萬美元的廣告費用被這樣的邏輯錯誤白白浪費掉。

我並不打算向你提供一些更好地思考在選擇媒體的問題上運用成功的例項。因為這是一個非常細化而且高度個性化的帶有當地特色的問題。我知道一些例項——只有幾個而已——我擔心我所提供給你的這些解決方案的詳盡背景紀錄和這些例項的價值完全不成比例。

還有第四個問題，就是資訊的選擇問題，毫無疑問這也是廣告中最重要的、最棘手的問題。購買了某個廣告，你可以獲得合適的媒體、最精美的圖片以及關於待售商品最具迷惑性的文字描述。但如果你的廣告選擇了錯誤的產品或者傳遞了錯誤的產品資訊，那麼這個廣告用《聖經》中的話來說就是，「只是聒噪的鳴鑼和響鈸而已」。就這個微妙的問題而言，我將在這本書中關於銷售的那一章深入探討，我認為這是一個更適合在銷

Part 3　實現思考的價值

售主題下討論的話題。

除了廣告之外，宣傳領域中至少還有兩個主要方面：一個方面是公共宣傳活動；另一個方面是公共關係。假設我們把公共關係放在首位。

公共關係可以定義為某個公司或組織在大眾的意識和潛意識中留下的所有關於其印象的總和。這些印象來自許多方面。首先，直接來自於對一個公司的親身感受，例如，它的廣告、它的產品、它的員工、它作為公司實體的活動（與構成組織的個人活動是不同的概念）、它的政策、它的慣例、它在包括商業領域在內的業務表現和行為表現等等。一個公司所說的話和所做的事情，或者沒說的話和沒做到的事情，都有可能在大眾的意識和潛意識留下印象。除了個人透過親身感受任何這樣的一些表現而獲得的直接印象之外，進一步的印象還產生於間接的方式，也就是說，透過口耳相傳。

A先生光顧了一家公司，並告訴他的朋友B先生這家公司很好。B先生在一次隨意的談話中向他的表弟C先生重複了這些話。而C先生之前從未聽說過這家公司，他會在心裡記下來（可能是潛意識的），如果他準備購買這家公司銷售的商品或服務，那麼他可能會根據他所聽到的意見去試一試。這些就是構成公共關係的印象的來源。

近年來，各式各樣的組織似乎越來越希望管理它們的行動，以確保大眾整體上產生的是對自己有利的印象。在過去的幾十年

第九章　宣傳與公關策略中的思考運用

裡，專家們以公共關係顧問的名義如雨後春筍般冒了出來。他們隨時準備就如何創造和控制公共印象向各種組織提供諮詢意見，並以此獲得合適的報酬。我認為這是一個適合專家研究的領域。解決這類問題所需的知識、經驗和技能涉及的範圍並不是一般人所能了解的。但是，這也和廣告一樣。公共關係同樣會受到良好的有序分析的影響，而不應該祕而不宣。好的公共關係從業者不會認為這其中有什麼奧祕。倫理美德在公共關係領域中具有特殊的和至高無上的重要地位。公正、勇敢以及節制——如果你想選擇一種美德來處理公共關係，那麼絕對是堅如磐石的誠實——這才是良好公共關係的實質和精髓。聰明的伎倆和虛偽而缺乏誠意的姿態，連同不明智地不惜一切代價獲得關注的奢侈浪費，這些都是公共關係中的惡習。亞伯拉罕·林肯（Abraham Lincoln）有很多理由可以成為最好的公共關係顧問，而第一個也是最主要的理由是他明白「你不可能永遠愚弄所有人」。

　　維護一個組織良好的公共關係與維護個人的良好公共關係並沒有太大的不同。所涉及的事情都比較類似，例如良好的性格、正確的意圖，還有彬彬有禮之類的社交禮儀，當然也包括足以履行諾言的能力。一些公司好好地理解了這一切，並且好好地做到了，然而更多的公司並非如此。據我所知，只有一個公司真正全面有序地分析整個公共關係問題，現在它正按照分析得出的原則和公式來管理著公共關係。對於任何想學會良好

的分析並加以應用的人來說，這是一種可行的方法。

所謂公共宣傳活動，是一種公關手段。這些活動包括各種各樣為了引起大眾對某個人或者某個組織的關注而設計的業務範圍之外的活動。這些活動中有一些是由頭腦發熱的媒體經紀人炮製出來的，他們的行為公然地違背誠信，導致他們聲名狼藉。還有一些公共宣傳活動則是經過精心構思的，屬於完善的公共關係項目中值得稱讚和適當的部分。

正確引導公共宣傳活動的基本概念如下：得到所在地區支持的商業組織希望表明，它們雖然是商業機構，但準備適當關注該地區的公共福利，並承擔相應的責任。為此，它們執行了一項或多項需要承擔風險的專案，無論是文化、娛樂方面的專案或者純粹是目的性的專案。一年一度為孩子獻上的感恩節遊行，現在已經成了紐約市的傳統，這也是梅西公司宣傳計畫中的代表。由美國無線電公司舉辦的托斯卡尼尼音樂會，西元1939年紐約世界博覽會上通用汽車公司舉辦的「未來世界」未來科技展，《紐約時報》提供的免費資訊服務——這些隨便列舉的例子都是宣傳領域中很有價值的活動。

你很容易就能看出來，這種宣傳確實是一種真正的公共服務。它可能是一項與公司商業活動密切相關的服務，也可能是與公司業務範圍完全無關的服務。關於後者，我可以舉一個例子，有一個大型百貨公司曾為紐約大都會歌劇院和費城交響樂團在其所在城市的演出提供了冠名贊助，即使這些音樂表演與

第九章 宣傳與公關策略中的思考運用

這個百貨公司的業務沒有直接的連繫,而且也不可能為商店帶來任何直接的回報。

我試圖告訴你這些公共宣傳活動和整個宣傳過程之間的關係——也就是說,它如何契合宣傳領域問題的優先順序排序——但我還沒有展示出運用有序的分析可以指明這些業務範圍之外的活動中某些固有的問題。由於這些公共宣傳活動主要是從無數可能的活動中選擇的最貼合活動目的的活動,這類活動非常少,因此這就催生了一個建構理論要求列表的問題,任何此類活動都必須符合這個理論要求列表才能被接受。完成這樣的列表並不會很困難。我並不打算給你一個完整的理論要求列表,但我會給你幾條提示性的準則。在我看來,第一條也是最有價值的一條準則是,僅僅把一個產品、一個人或一個組織的名字以一種引人注目的方式呈現在大眾面前是遠遠不夠的。除非是以一種既能獲得美譽度,又能獲得認同,而且能引起關注的方式來呈現的,否則最好不要這樣做。對於某些新聞機構和宣傳顧問來說,這不會是一條受歡迎的準則,但它肯定會拯救一些愚昧無知的可憐客戶,使他們免於挑戰自然規律,避免把自己塑造成光鮮得像24克拉鑽石一樣完美的笨蛋。

在這方面另一條有用的準則是,透過一次重要的活動接觸到大眾的價值抵得上十次並不重要的活動,哪怕這十次並不重要的活動接觸到受眾的人數比那一次重要的活動更多。

第三條相關的準則是,盡可能使這些活動既令人難忘又值

得讚賞。接下來，我想把完成這個列表的任務交給你去做。

　　為了完整起見，我還會提到宣傳領域的另外兩項活動，但不會加以討論：一項是公司整體形象廣告；另一項是免費宣傳。我認為在這一章中所討論的內容已經為你提供了一些清晰的線索，可以使你了解我自己將如何分析這兩項活動所追求的目標，以及執行這兩項活動所採用的方法。

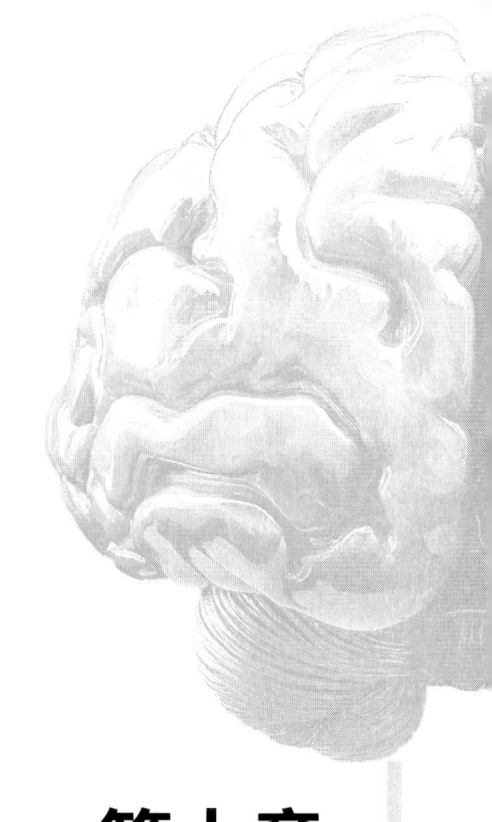

第十章
財務規劃中的思考突破

統計是商業速記 —— 保留紀錄只有兩個原因：第一，能夠在商場上持續經營下去；第二，盡可能有效地拓展業務 —— 在商場上生存的三個必要條件 —— 透過統計控制利潤 —— 商品管理 —— 可盈利的業務和社會的繁榮

Part 3　實現思考的價值

　　在現代社會中，統計已經成為一種被廣泛接受的工具，然而我們卻從未靜下來問問自己：統計究竟是什麼？統計之於商業就相當於數學之於邏輯學──它是對理念的速記，也是一門整理這些理念的專門技術。使用速記的好處顯而易見──節省時間，然而在速記中所包含的整理理念這一專門技術優勢卻值得我們進一步研究。

　　首先，我們可能會提出這樣一個合理的問題：「企業為什麼要透過速記或者其他方式來保留紀錄呢？」這樣做有且只有兩個原因。我想知道現在成千上萬收集資料和進行資料統計的人之中有多少人能毫不猶豫地告訴你這兩個原因，但是所有從事統計工作和以此謀生的人都應該能夠說出這兩種原因來證明他們產生的勞動成果。還有很多以統計資料作為他們重要決策的基礎的人也應該能夠做到這一點。如果你試著像我這樣去詢問很多人這個問題，你可能會很驚訝地發現能夠回答上來的人並不是很多──儘管正確答案只包括兩項。

　　如果用商業術語來回答，收集統計資料的第一個原因是為了能夠在商場上持續經營下去；第二個原因是為了盡可能有效地拓展業務，從而經營更長的時間，且獲得更大的利潤。如果用非商業術語來說，統計的兩個功能就是使某種活動得以運轉，以及改進這種活動。重要的是不僅要知道這是統計資料之所以存在的兩個原因，即兩種功能，而且在使用統計時，明確正在應用它的哪一項功能同樣也很重要。如果指定記錄下的統計資料完

第十章　財務規劃中的思考突破

全屬於第一種功能，那麼接下來就可以管理儲存下來的所有統計資料，也就是說，根據統計資料存在的唯一原因有可能或者實際上是否屬於第二種功能的程度來選擇保留或者棄用，即可以不採納存在目的僅僅是改進某種活動的統計資料。

許多企業都會收集並試圖使用超出合理範圍的統計資料。它們這樣做通常出於一個模糊的希望：「它們遲早會派上用場。」這是不可原諒的錯誤。如果一家企業已經建立了可以證明自己能夠持續經營所必需的統計資料紀錄，那麼除此之外每一個額外的紀錄上都應該附加舉證責任，以表明該資料能夠或將要為改善經營發揮正面作用。倘若這樣來衡量，恐怕大量的統計資料紀錄都應該被推到焚化爐中燒掉。因為這樣不僅可以省錢，更重要的是可以節省時間和避免不可估量的混亂。如果企業的高層做出了恰當的問題優先順序排序，那麼很可能的結果就是迅速丟棄多餘的紀錄，從而節省時間並將注意力放在值得投入的問題上。

保留不需要的紀錄是嚴重的過失，但保留太少的紀錄同樣也是嚴重的過失。即便在統計學領域，你仍然會發現在兩個極端之間應用亞里斯多德的中間路線也是可行的。你保持的紀錄必須既不能太多也不能太少，必須以恰當的方式保持恰當的紀錄。

幾年前，我在這方面有過一次有趣的經歷。當時有兩位非常稱職的高層去拜訪另一家在其他城市的同行公司，這兩位高層來自一家組織管理很縝密的公司，他們拜訪的目的是交換資

料和資訊。結束幾天的訪問之後,他們回到自己的公司提交了報告,他們說:「我們陷入了非常令人困惑的境地。我們對自己感到滿意的是,另一家公司對經營業務的了解程度應該不如我們公司。他們違反了我們所認為的維持生意興隆的一些基本原則,而且往往並不知道自己違反了這些原則。他們保留的紀錄非常少。他們冒著各式各樣的風險。他們在理論上非常馬虎,在執行上也非常草率。他們展現給大眾的形象很好,也就是說普通的外行人並不能看出他們的不足。但如果任何真正了解這個行業的人去看一看幕後的本質,並像我們這樣分析他們的表現,就會發現他們並沒有太多值得尊重的地方。儘管如此,他們的業務量小於我們的公司,而淨利潤率卻大於我們的公司。現在我們要提出的問題是:你是願意在業務經營上既高效又科學但賺取的利潤比較小,還是願意既低效又不科學地經營但賺取的利潤更大呢?」

這是一個難題。實際上,這個高效運作的公司的利潤在過去的幾年裡一直低於合理水準,與其作對比的那個公司的利潤更高且處於合理的、高得並不過分的水準。對於那些獲益的直覺守舊派來說,這似乎提供了他們一個相當有說服力的論據來反對現代的也可能是偽科學的管理學派。處於效率高利潤低狀態的這個公司意識到,淘汰作為科學管理方法支柱的那些儲存紀錄的很大一部分資料,將大大有利於縮小這兩個公司之間的利潤差距。

第十章　財務規劃中的思考突破

這個公司的最終決定在我看來是一個基於充分理由的很好的決定，公司既不會淘汰任何紀錄，也不會在致力於科學管理的道路上有半步退縮。他們以非常現實的方式做出了這一決定，也就是說這個公司已經意識到在資本主義社會中，衡量一個私營企業成功與否的標準是企業產生的利潤。換句話說，他們決定保留現有的方法，是因為相信這些方法更有利可圖。這聽起來像是一個需要解決的悖論。這家公司用兩個聰明的答案解決了這一悖論。他們說：「首先，如果你想要對比科學管理和非科學管理之間的優勢，那麼你進行比較的時間長度是非常重要的。如果對比的是過去十年而不是過去兩年，那麼我們只是微微處於劣勢，而不是處於非常不利的狀態。但如果你將這個對比放眼於未來而不是過去，並預測一下我們未來 25 年而不是未來十年的利潤，然後再和那家公司的利潤相比，我相信這個答案是毋庸置疑的。我們產生這個想法的原因之一是，我們並不認為那家公司 25 年之後還能繼續經營下去，我們預計由於不科學的管理方法，他們會直接破產。我們認為紀錄的不足會使他們走向終結，而這只是管理不科學的一個方面，然後再加上他們類似中世紀的陳舊人事政策，以及那些從《愛麗絲夢遊仙境》這種童話故事中衍生出來的制定政策的方法，我們完全有理由相信對他們將更早倒閉的預測是正確的。」

這是一個非常好的答案，不過他們的話還沒說完。他們還有下面這個我認為堪稱一言中的的答案。他們繼續說：「我們

Part 3　實現思考的價值

認為比較過去十年的利潤，對於我們來說是有些丟臉的，而比較過去兩年的利潤則是很可恥的。我們認為這種令人不快的比較不應該歸咎於我們使用了科學的方法，而要歸咎於我們的使用不當。」他們認為，在處理公司事務時，堅持科學原則是正確和恰當的，無論進行哪一年的利潤比較，科學原則都應該是獲得更多利潤的工具。最後他們總結道：「我們沒能獲得更高的利潤，除了因為在某些具體運作上我們曲解和誤用了本質上完美無缺的科學原則之外，沒有別的原因。」

這是一段很好的邏輯分析，它涉及透過揭示事後歸因謬誤來駁斥一個錯誤觀點。你可以回憶一下我們之前在「更好地思考的基本規則」那一章結尾曾經談到過注意不要犯這種錯誤。這些高層也用同樣的方式駁斥了這種錯誤觀點：既然遵循科學的原則帶來的利潤低，那麼科學的原則就是低利潤的誘因。

令人欣慰的是，該公司經過正確的邏輯分析後，採取了恰當的行動，而今天它的盈利結果顯示出了大幅度良性修正的成果。

我說過企業應該把維持經營或改善經營的目的作為儲存指定紀錄的依據。如果他們認真而且實事求是地進行這一分類，那麼他們可能會對用於第一目的真正必要的紀錄是如此之少而感到震驚。

支付帳單是企業在商場上持續經營下去必須要做的事情之一。複雜的組織會設立專門的「應付帳款」部門來履行這一職能。令人驚訝的是，在通常的應付帳款部門中有如此多的業務操

第十章 財務規劃中的思考突破

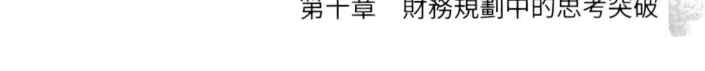

作竟然完全和支付公司債務這一基本職能沒有任何關係。

另一件企業維持經營必須要做的事情是在發薪日支付員工薪資。大多數公司會設立所謂的「薪酬辦公室」來履行這一職責。除了要如期正確地支付薪資之外,通常薪酬辦公室經手的其他業務也非常之多。

企業在商場上持續經營下去的第三件必須要做的事是收取交付貨物或所提供服務的款項。這種在某種程度上會招人不悅的業務通常由一個叫做「應收帳款」的部門來承擔。這個部門也有個奇怪的地方,那就是你會發現很多事情從表面來看和收帳沒有任何關係。

目前來看,這些所有無關的業務流程可能是完全合理和明智的。但必須了解到這重要的一點,嚴格來講,這些業務流程對於企業的持續經營並不是絕對必要的,因此它們應該被質疑。如果不是為了第二種目的也就是改善經營,那麼它們就不應該被如此安排。如果它們改善了企業經營,那麼我們就應該追問一些問題:它們是如何改善經營的,是透過無形的還是有形的方式?它們是在減少開支、增加毛利率、擴大規模、改善管制等方面發揮了作用還是提供了理想的預防企業經營不善的措施?這是5種可以證明自身價值的方式。如果它們涉及5種方式的一種,那麼它們做到了什麼程度?它們的代價是什麼?最後的結果是否保證了成本?所有這些都是常識性問題,不需要任何邏輯知識就可以回答。精通邏輯的人肯定會問這些問題,其他人則可能

會問，也可能不會。但值得注意的是，包括很多企業高層在內的大多數人都不會這麼問。大多數工業工程師會在素未謀面的情況下承諾任何客戶，表明自己可以做到降低10%的費用，來收取一定的報酬。他們這樣做之所以沒有風險就是因為他們做到了剛才我說過的那樣。這簡直是唾手可得的事情──你不會失手的。

我已經努力讓你了解我說的第一種統計紀錄分類對於企業的生存是非常必要的。現在讓我們再來看一個例子，我認為這個例子足以說明統計紀錄還是改善企業執行的基本工具。我把這樣的紀錄叫做「利潤控制」，現在我想向你解釋為什麼它是必要的，以及在大型百貨公司它是如何發揮作用的。

正如它的名字「利潤控制」所表明的那樣──這是一種控制利潤的統計方法。例如，一個商店的店主每年都會透過出售貨物賺取一定數量的美元。但這些錢只是暫時留在他的手上。他必須拿出其中大部分錢用來支付兩項費用：商品成本和經營成本。這樣的人被叫做「店主」是非常恰如其分的，因為他的確經營著一家商店。然而，他並沒有資格被稱為「商人」，除非他的商店經營一年後在他手上流通的錢能夠以固定的份額的淨利潤的形式留下來。讓我們假定3%的銷售額作為商家為服務群體提供的獨有服務所付出努力的適度回報。

現在讓我們審視一下這個店主在新的財政年度開始時對自己提的要求：「今年，無論如何，我都要經營得不錯，而且毫不

第十章　財務規劃中的思考突破

吝惜地為社區提供零售服務,最終還要得到我認為應得的那 3%的利潤。」那麼要確保這一目標的實現,他需要做哪些事情?

首先,他必須對未來 12 個月的總銷售量做出一個保守的預測。但是有一些店主從來沒做過這種預測。還有更多的店主儘管做過,卻非常草率,就好比往帽子裡放入十張寫有數字的卡片,然後隨便抽出一張一樣。不用說,肯定還有更好的辦法。這個方法就是利用所有的歷史資料和其他可用的資訊來確定今年可能的銷售金額範圍。我們假定有一個商人使用了這種預測方法進行測算,其預測的銷售額在 95 萬美元到 115 萬美元之間。這個預算的意思是,即便這一年發生了各種不可預見和不利的事件,只要沒有真正的大災難,低於 95 萬美元的銷售額對他來說都是不可想像的。而另一方面,如果這一年十分順遂,他認為如果運氣好的話,可能會達到 115 萬美元的銷售額。作為利潤控制的第一步,他保守地預測銷售額為 100 萬美元。

在籌劃利潤控制時,他的下一個問題是預測要達到 100 萬美元的銷售額所需的商品成本。他需要再次建構一個數值範圍。讓我們設想他的保守估計是 65%,也就是說他需要投入 65 萬美元的貨物成本。這樣算下來,在支付了貨物成本後,只有 35 萬美元可以用來支付其他一切開支。他事先已經決定必須要賺 3 萬美元的利潤,或者說 100 萬美元銷售額的 3%。由此,他可以得知,如果所有預測都能夠得以實現,他需要有 32 萬美元用來支付一整年中可能發生的每一筆開銷。

現在他已經掌握了全年的目標資料，但是要使這些資料變得可用，必須將其細分為兩種：短期的和功能性的資料。如果他的生意是典型的業務，他會把資料分成兩個 6 個月的週期：春季銷售期和秋季銷售期，再分別把這兩個銷售期分成 26 個星期。然後每週再分配適當比例的銷售額、毛利、成本和損益。由於零售分銷的季節性特徵，許多週都將會出現淨虧損。即使設定了目標數字，這個商人在整個春季銷售期的 6 個月中損失的金額也不太可能會很小。當然他的週計畫也會顯示出銷售額和毛利潤的波動。接下來，細分銷售額、毛利和支出這三組資料時，他應該這樣做：

銷售總額將被按部門劃分，毛利總額將分為加價、減價、現金折扣和存貨短缺補貼等因素。他的支出首先分為薪資和非薪資，然後將薪資支出分為採購和營運，非薪資支出分為房租、稅金和雜項開支。我描述這些細節是為了向你說明我們假想的那個商人可以將大量的技術資料整理成模式──這些我們一致地稱為「邏輯」──同時也會不可避免地促使我們舉出另外一個例子，也就是一個人在不知道任何規則和思考工具的情況下冒著高風險來玩一個遊戲。然而，讓我們假設這個商人知道規則，且看他是如何經營業務的。

到目前為止，我們已經看到他完成了一年的目標設定，並細化到週資料和功能資料。那麼他接下來必須做什麼？他必須找到一本有 52 張大表格紙的筆記本，還必須將這些紙從 1 到 52

第十章 財務規劃中的思考突破

進行編號,然後將每張紙平均分成上下兩半。在下半部分,他會在每張表的一側寫入特定週的目標數額以及從年初到下一週的累積目標數額。之後他會隔開下半部分表格上的其他欄,在那些欄裡填入去年的實際數額和來年需要實現的數額,以此來對照他設定的目標數額。他必須專門留出一個空白欄,這一欄不僅要體現今年和去年的差異,還要體現今年實際數額和目標數額的差異。然後他必須設立必要的機制,以確保他不僅能非常精確地得到下一年的週預測金額,而且還能在每週剛結束的時候就迅速得到資料。

現在所有這些技術機制能幫他做什麼呢?首先能使他做到的就是每週結束後立刻知道自己處在什麼位置,而據我所知,在美國這個國家沒有大型百貨公司能做到這一點。說到這裡,我幾乎可以聽到來自於美國各地商人的抗議:「我們當然知道我們所處的位置,沒有哪家正在營運的公司會出現不了解你說的這些小兒科資訊的情況。」然而,顯而易見的事實是他們並沒有做到。他們並沒有掌握我所描述的那些資料,不管他們是否這麼認為,事實是他們並不真正知道自己每週所處的位置。然而這也並不能改變他們應該改變的事實。

不過,你可以肯定的是,如果他們沒有掌握我剛才所描述的那些顯然值得擁有的資訊,那肯定是事出有因;如果他們認為自己掌握了精確的資訊而實際上卻沒有,那肯定也是有原因的,原因是:百貨公司的機制是非常錯綜複雜的。按照我所說

的以統計和技術機制來每週及時提供準確的資訊並不是一件容易做到的事情。我所知道的唯一一家擁有這些資訊的大型商店的高級管理人員中有一位數學家，他非常專業地設計了統計公式，這些公式在這一過程中十分必要。這家商店使用了昂貴精密的電子記帳機，沒有它們，就無法獲得這些資訊，或者必須付出非常高昂的代價才能獲得。我所說的這家商店是全美國首屈一指的商店之一，因此這家商店所面對問題的複雜程度是一般商店的許多倍。一般的商店，不論是大還是小，都有一套估測業務情況的會計方法，每個月都會修正誤差，每年差不多都會進行兩次大的調整。

我為你列出的利潤控制的要點：首先也是最重要的一點，就是將更好地思考運用於關鍵的業務問題。然而我要指出，還有一點也同樣重要，相較於我所提到的那些特定的商店，對於較小的而且不那麼複雜的商店來說，這種利潤控制方法離開高等數學和機器設備的助益也可以得到有效的運用。

現在讓我們再回到利潤控制理論，它最複雜的功能是控制開支。我來做一個比較。據我所知，既簡單又有效，而且最直接的控制開支的方式可以在這樣一個人身上體現，他每週收入15美元，沒有一分多餘的錢。每個星期六的晚上，這個人就會知道他在過去的一週是花了14美元、15美元還是16美元。如果帳單顯示他花了16美元，那麼毫無疑問，他知道一定要補上1美元。他可能會決定在下一週的收入中省出這1美元。如果負

第十章　財務規劃中的思考突破

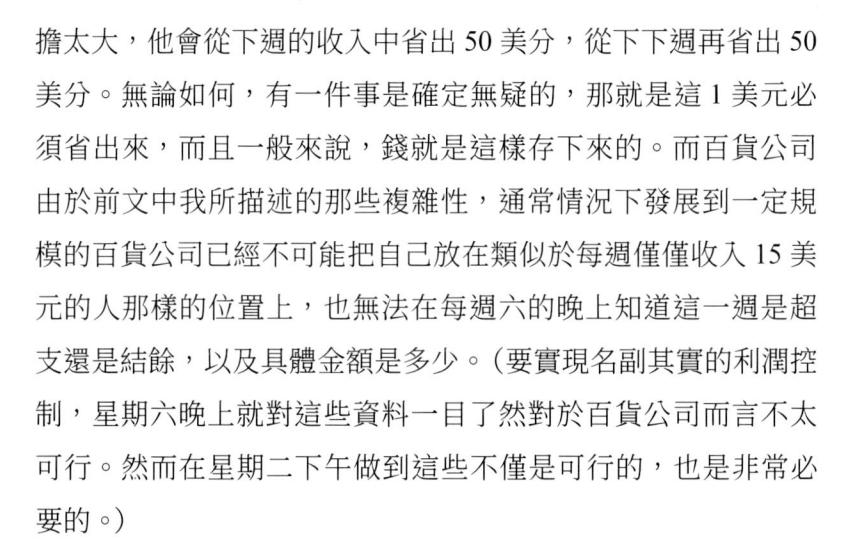

擔太大,他會從下週的收入中省出 50 美分,從下下週再省出 50 美分。無論如何,有一件事是確定無疑的,那就是這 1 美元必須省出來,而且一般來說,錢就是這樣存下來的。而百貨公司由於前文中我所描述的那些複雜性,通常情況下發展到一定規模的百貨公司已經不可能把自己放在類似於每週僅僅收入 15 美元的人那樣的位置上,也無法在每週六的晚上知道這一週是超支還是結餘,以及具體金額是多少。(要實現名副其實的利潤控制,星期六晚上就對這些資料一目了然對於百貨公司而言不太可行。然而在星期二下午做到這些不僅是可行的,也是非常必要的。)

然而對於百貨公司來說這樣的資訊可能沒有什麼價值,除非這個商店與每週僅僅收入 15 美元的人還有另外的相似點:在週支出中有足夠大的一部分金額是可控的,這樣就可以知道如果這週支出超出了具體多少美元,下週就應該採取一些實際手段進行彌補。很顯然,這兩個因素對利潤控制的執行都是不可或缺的。你必須每週都知道是超支了還是有結餘,以及具體數額是多少。你必須能夠對此有所作為。我知道一些百貨公司每年經營著價值數百萬美元的生意卻對這些事情不以為然。因此從嚴格的意義上來講,它們的年度業績絕不是預先測算過的,它們的經營方法最多只能以最接近的方式來進行,它們的損益不是預先計劃好的結果,而是一些不受控制的可變因素所產生的結果。

Part 3　實現思考的價值

你可能很難相信，像百貨公司那樣每分鐘都在盈利的企業，會像我之前說的那樣，將經營成果寄託於機遇。我可以向你保證，事實的確如此。我還可以向你保證，這在相當程度上是由於沒有將邏輯思維應用到具體問題中去。

需要注意的是，為了完成對利潤控制表下半部分的描述，這個表格必須顯示每週淨利潤和目標利潤之間的差額。這種利潤差額應該歸因於三個因素：銷售額、毛利潤和支出。假設一個企業在新年度前 4 週的利潤就低於目標利潤 1,000 美元，如果這樣的問題出在毛利率上，那就沒必要去糾正支出。

那個表格上半部分和下半部分所填的資訊在性質上是完全一樣的，只是上半部分通常展示的是之前 52 週截止到上週六晚上的資料。這也就是統計學家所說的移動平均值。它的作用是透過去除季節性影響和適當加權某些數值，來告訴你目前你的企業在以什麼樣的年成長率執行。現在回到我們最初那個計劃一年完成 100 萬美元銷售額的商人的例子，他非常感興趣的事情應該是想要知道自己是否達到了每年 100 萬美元年銷售額度的成長。最後他應該還想知道，自己是否達到了每年 3 萬美元淨利潤的週利潤額。如果沒有達到，那麼他就面臨一個選擇。他可能會因為各種原因而修改他的最低限度，並且接受更低的數字，比如考慮獲得每年 2 萬美元的利潤，或者他可能會堅持原本的最低限度，然後採取必要的措施來彌補損失，以確保 3 萬美元的年利潤。

第十章 財務規劃中的思考突破

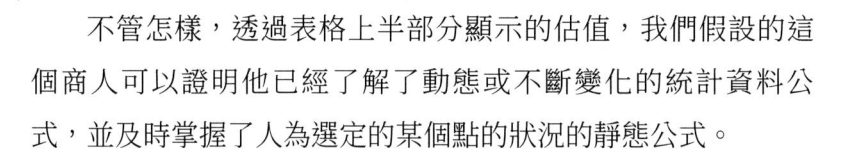

不管怎樣，透過表格上半部分顯示的估值，我們假設的這個商人可以證明他已經了解了動態或不斷變化的統計資料公式，並及時掌握了人為選定的某個點的狀況的靜態公式。

整個技術機制所包含的最重要的一點是，永遠不要在無知的情況下做出決定，憑藉知識最可能做出明智的決定。只有那些掌握了利潤控制理論的商人才能憑藉知識明智地做出決定。

我記得很清楚，幾年前一個叫做「商品控制」的統計工具被引入零售業。它是一組簡單的資料，可以告訴採購員每週每種商品分別賣出了多少，銷售額達到了多少，手上還有價值多少的存貨等等。當時美國幾乎90%經驗豐富的採購員都反對它，說這只是一種新奇的概念，毫無實際意義。他們的論點是任何一個稱職的採購員對這些事情都一清二楚，無須等待統計學家來提交週報。他們說：「如果連這些都不知道，那麼他就根本不是採購員。」事實證明，依照這個定義，他們沒有一個人是採購員，因為當這些紀錄呈現在他們眼前時，他們痛苦而震驚地發現自己竟然對發誓了若指掌的那些事情一無所知。這種情況和利潤控制理論或者其他新出現的工具遭遇的情況簡直如出一轍。即使是──我幾乎要用「尤其是」這個詞──新出現的工具構成了思考藝術上的進步，許多人還是會說「這不是什麼新花樣」，「這沒什麼好的」。至於這種態度是不是可以使一個人緊跟進步的步伐前進的最好態度，那就留給你去判斷吧。

在結束統計資料這個話題之前，我想再舉一個例子，這是

一個在零售領域把思考應用到資料上的例子。商店裡的硬體設備的淘汰是非常快的。如果一個商店想要在大眾面前呈現出最新式的現代面貌，就需要經常花費很多錢購買新設備和新型照明燈具，重新安排布局和陳設，以及更新各種必需的現代化設備。在典型的百貨公司的帳目中，這些開支會以下面兩種名義來體現，一種是當前營業費用，會在當前營業期內全部支付；另一種是資產成本分攤，在購置的物理設備可能的使用壽命期限內進行分攤。

你可能會認為，有鑑於任何適當的利潤控制理論，百貨公司都會調整當前營業費用和資產成本分攤，以便同時完成必要的現代化提升和最低年度利潤指標。要做到這一點，需要進行大量的資料計算。對於我們這個100萬美元年銷售額的商人來說，就是這樣一個過程。他知道自己一年有32萬美元的費用支出空間，他也清楚其中有2萬美元必須用來支付從過去一直持續到明年的資產成本分攤，然後他必須清楚自己能承擔多少額外的支出負擔。他或許認為還可以再支出3萬美元。經過仔細核算，他發現其中的2.5萬美元可能要作為當前營業費用的專案支出。這就意味著，在未來的一年，他只能承擔5,000美元的資產成本分攤。在這個基礎上，他可能決定在商店裡增加一套冷氣系統，並計算出這套空調系統在未來20年內需耗費10萬美元，換句話說，在接下來的每一年必須投入5,000美元（這正是他可以負擔得起的）。有一點是不言自明的，那就是上面的計算步驟

第十章　財務規劃中的思考突破

沒有捷徑可走。你必須經歷這個過程，否則你就不能說自己可以控制和收益有關或者和企業的支付能力有關的設備購置支出。

關於商店購置設備支出的問題，至少還有一點分析中是非常值得注意的。一般來說，設備支出有三種類型，應該對此加以分類並作為作出判斷的依據。第一種是維持經營所必需的設備支出。舉個例子，如果你需要一臺新的鍋爐為商店供暖，那麼只能去購買鍋爐，或者只能歇業。因為顧客們不太可能戴著耳罩走進商店。另外，在這種維持經營所必需的設備支出中，我認為還包括那些並不像照明和溫度調節這麼重要但仍然是所謂「最起碼的體面」的支出，例如，一個商店的店主不能對破破爛爛的地毯或者殘破的櫃檯視而不見。

第二種設備支出和那些幾乎可以肯定地預測到能夠在較短的固定時間內帶來的額外利潤有關。如果一個商人知道把 1 萬美元花在時尚女裝部，可以在 12 個月之內收回這 1 萬美元的成本並且額外獲得 1 萬美元的利潤，那麼他一定會立刻投入這筆資金。財務狀況良好的公司應該持有這樣的態度，即用於前兩類設備更新的資金是無限制的。

第三種設備支出通常是有限的，而且應該受到嚴格的控制，這類支出可以被描述為「商店美化」。例如，有一天商店的店主會說：「我們重新布置一下三樓吧，」也可能會說，「我們調整一下商店的照明吧，」甚至會說，「我們從頭到尾全面更新一下布景色彩設計吧。」這些都是值得經常去做的事情，但是明智的商

Part 3　實現思考的價值

人會問自己：「我是寧願今年去做這些商店美化工作呢？還是賺一筆可觀的利潤從而使自己成為名副其實的商人呢？」

我想在本章的結尾向你們解釋一下，我自己為什麼認為真正的商人會完全把利潤看作商業目的和成功的衡量標準。許多人可能認為這根本沒有解釋的必要。商人想握緊自己和股東的錢包，這是天經地義的事。但我認為這種分析膚淺而且並不正確，真正的原因如下：

不盈利的企業在各方面都是社會的負擔。沒有獲得令人滿意的利潤的企業不太可能在有希望擴大其社會價值的新事業上做出嘗試，因為這些嘗試可能會帶給虧損中的企業無法承擔的風險。不盈利的企業在應該向大眾提供的服務上總是會壓縮開支，踟躕不前。不盈利的企業在絕大多數情況下都會提供較低的薪資，然而，由於它們的僱員也是社會成員，較低的薪資就會使努力工作的人更加不滿，他們會認為自己的努力付出並沒有得到相應的回報，同時他們也無法增加消費支出來促進社會繁榮。一句話，不盈利的企業的表現是非常糟糕的。我們肯定都喜歡良好的表現，而不是糟糕的表現，並且合理的利潤是良好的商業表現中不可分割的一部分。因此要完成這一良性循環，正確地使用統計資料對於獲得持續而合理的利潤是非常必要的，對於邏輯的正確理解是有效使用統計資料的必要條件，你看，我們兜兜轉轉又回到了我們最初的問題——如何思考。

第十一章
管理中的思考創新

管理控制著日常營運 —— 管理部門發揮職能的兩個階段：營運和人事 —— 對於業務部門和非業務部門的誤解 —— 有害的命名法 —— 調解部的問題 —— 一些關於賒購帳戶顧客的事情 —— 那位偉大的董事會代表關於營運的 5 條準則

Part 3　實現思考的價值

　　管理，在百貨公司領域指的是控制日常營運的職能。在商品採購回來之後，管理部門就要負責包括將商品送到顧客手中等大部分後續工作。管理部門要負責接收商品、做標記、入庫、銷售、包裝、送貨、提供售後服務，並調解顧客因收到商品後或未收到商品而產生的任何後續投訴。因此管理部門發揮職能有兩個階段，一切與完成工作有關的事務，也就是營運，以及一切與完成工作的人員有關的事務，也就是人事。

　　營運階段的常規部分僅僅只是完成工作，而它的創意部分在於讓工作做得更好、更富有想像力，並能帶給消費者和經銷商更大的好處。由於零售業的高級管理層總是習慣性地認為，管理部門在零售分銷的整個過程中是一種服務性的附屬部門，或者說由於無法避免的弊端，因此在運用創造性的想像力方面，管理部門往往落後於其他的業務部門。這並不是因為該部門沒有大膽的新想法誕生，而是因為在期望少的地方自然收穫也少。在我看來，美國的商店管理部門至少為「慣性無法克服」這一定理提供了一個顯而易見的證明。

　　但是在商店的管理部門中還有一個有趣的例子可以說明語義學的力量，也就是語言對行動的控制能力。在百貨公司領域，管理部門分為業務部門和非業務部門。在非業務部門中，你會發現諸如電話訂貨部、調解部和通訊部。我幾乎想不出百貨公司還有哪些僱員，包括售貨員在內，比這三個所謂的非業務部門有更多的機會來銷售商品和提升顧客的好感度。然而語言的力

第十一章　管理中的思考創新

量是如此強大,因為這些部門一直被叫做「非業務部門」,所以它們就一直扮演著名副其實的「非銷售角色」。

調解部的職責是在事情因為這樣或者那樣的原因出差錯之後,首先查明顧客想要的到底是什麼,然後為顧客提供服務──也就是說,把顧客真正想要的東西賣給他們。人們不會去商店買了東西,然後抱怨說當時只是出於一時的高興。人們去商店買東西是因為他們確實想要買東西。如果他們有所抱怨,那是因為在某種程度上他們買的東西並不是他們真正想要的。然而出於一些奇怪的邏輯,美國各地的調解部員工投入全部時間和精力去辦的事情結果卻是這樣的──無論顧客想要的是什麼,或者沒有被滿足的需求是什麼,顧客都會繼續失望。他們的口號似乎是:「顧客的這些要求不應該被滿足。」

一位顧客也許會對一位調解員說:「我在你們店裡買的鞋不合適。」或者會說,「窗簾褪色了。」又或者會說,「烤麵包機這麼快就壞了。」然後認真的調解員就會竭盡全力去證明鞋子實際上很合適,再稍微適應一段時間,鞋子就會變得很舒服了,或者他會找售貨員來作證說,顧客買了鞋之後就故意說患上了甲溝炎,所以商店對這種不正常的行為不承擔任何責任,而且退一步說就算鞋子真的不合適,顧客也應該在穿之前投訴,因為現在鞋子被穿過已經無法再次出售了。

我曾經花了五年的時間營運一個大型百貨公司的管理部門,其中也包括售後投訴部。在此期間我花了相當一部分時間去培訓

調解員,讓他們相信自己的職能是銷售而不是非銷售,並要求他們按這一理念去做事情。所以當最初的銷售出了問題,需要進行調解時,他們在銷售技巧上不僅要達到比較高的水準,甚至要成為銷售大師,這樣才能不愧為一位調解員,才能圓滿地履行自己的職責。我想至少在某種程度上來說我獲得了成功。我認為當時和我一起共事的人的確相信我的理念,也的確將此付諸行動。我知道在這一過程中他們每個人都受益匪淺。我跟他們說,我們的調解理論和「顧客永遠是對的」那句老生常談的口號毫無關係。我告訴他們有一半的情況下顧客是對的。我還告訴他們,客戶是不是對的這一點基本上無關緊要。真正的問題是,不論顧客對還是錯,作為調解員該怎麼去做。

實際上並不需要進行深入地理性分析,就可以知道我所描述的這三個部門屬於業務部門,而不是非業務部門。這並不是我的原創,多年來已經有許多人了解了這一點。然而還有一點也很重要,儘管知識是人人都可以掌握的,但基於知識去採取行動卻並非如此。我認為其中一個可能的原因是基於這樣的事實,必須進行相當細緻地分析,才能制定出切實可行的行動準則,從而使這些群體能夠有效地履行其真正的銷售職能。

我們再以電話訂單的處理為例。在大型百貨公司中,電話訂單通常是在電話總機中心處理的,那裡有一批訓練有素的話務員,他們掌握著所有必要的資訊,接聽和處理顧客的所有電話。如果計算得當,維持這種集中式服務的成本可能低於分散

式服務。但是由於集中式的性質,這會作為大筆的單項費用出現,通常會持續受到來自管理部門要求降低費用的壓力。在今天,銷售肯定是要投入成本的。在不承擔任何銷售工作的情況下,集中式的電話訂單處理服務一年需要投入10萬美元,如果承擔適當的銷售工作,可能需要投入12萬美元或者13萬美元。事實上,這種適當的銷售工作可能不僅會讓百貨公司收回2萬或者3萬美元的投入,除此之外可能還會帶來2萬或者3萬美元的淨利潤。任何一個問題優先順序排序能力非常低的管理部門,都可能會對這個問題反應十分冷淡,因為他們始終認為自己在商業中的唯一職能就是降低成本,而不會去考慮在客戶服務、銷售額或者利潤這些方面發揮作用。

事實上,這種錯誤非常普遍。有一個類似的例子我記得特別清楚,發生在一個還未建立合適的問題優先順序排序的百貨公司管理部門。那是美國中西部的一個銷售額相當可觀的百貨公司,生意很好。這個百貨公司55%的業務都是由賒購帳戶顧客完成的,商店在過去的幾年裡時不時地舉行一些活動讓人們了解這個百貨公司賒購帳戶的便利,並不斷地開立新的賒購帳戶。當我提到的這件事情發生時,他們已經形成了一種共識,認為這個百貨公司的賒購帳戶顧客在其所處的商業區已經達到了飽和點。他們的判斷基於兩個理由:第一,他們無法承擔4美元以上的成本來開發一個新的賒購帳戶顧客,而且發現獲得一個新的賒購帳戶顧客需要花費6至7美元;第二,他們認為,

不管怎樣已經獲得了所有值得擁有的賒購帳戶顧客。我問他們平均每個賒購帳戶顧客在這個百貨公司每年會消費多少錢，他們說是 125 美元。我又問他們一個賒購帳戶在這個百貨公司的平均使用年限有多長，他們回答說是 10 年。然後我問這個百貨公司的宣傳成本是多少，占銷售額的百分比是多少，他們說是 5%。然後我又問他們如果願意每產生 100 美元的銷售額在廣告上投入 5% 來做宣傳，那麼，有鑑於同樣的原因，他們為什麼不肯投入 5% 用於開發新的賒購帳戶顧客，也就是說投入 6.25 美元來開發一個新的賒購帳戶顧客呢？他們一致認為我的想法確實有些見地，花 6 至 7 美元而不是 4 美元來獲得一個新的賒購帳戶顧客並不過分，因為 6.25 美元本身並沒有超過他們的平均宣傳成本。最後我問他們是否願意收回第二個理由，也就是已經獲得了所有值得擁有的賒購帳戶顧客，因為他們自己也承認每支出 6 至 7 美元就有可能獲得一個新的理想的賒購帳戶顧客。他們回答說願意。

我讓他們以接觸並成功開發一個新的賒購帳戶顧客需要支出 7 美元的標準，來計算一下獲得所有潛在客戶需要的總成本。他們得出的數字是 5 萬美元。我問他們從過去的經驗來看，這 5 萬美元是否可以確定為他們帶來 7,000 個活躍的新賒購帳戶顧客。他們說可以確定。然後我問他們下一步打算要做什麼。信不信由你，他們回答說會在未來的 5 年內花掉這 5 萬美元，以免在任何一個年度出現過多的風險或者支出。我又問他們現

第十一章　管理中的思考創新

在銀行裡是否有 5 萬美元，他們說有。然後我又問最快多長時間能用完這筆錢，他們說要用 8 個月的時間才能把相關工作安排好。於是我告訴他們說，在我看來，他們唯一的問題就是最快多長時間能用完這筆錢，而不是最慢多長時間。後來他們在一年內成功地用完了這筆錢，其結果充分證明了這次投資的合理性。

已故的詹姆士‧麥肯錫（James McKinsey）先生，在去世前不久還擔任著芝加哥馬歇爾‧菲爾德（Marshall Field）百貨公司董事會代表的職位，他有一套奉行了很多年的準則，這套準則幾乎適用於他所面對的任何商業問題。我曾經聽他提到這套準則，現在我加以引述，我相信我的引述基本上是準確的。詹姆士‧麥肯錫先生說他在商業上最常見的經歷，就是有人來向他詢問某項業務是應該這樣做還是應該那樣做。換句話說，他們擔憂的始終是方法問題。而詹姆士‧麥肯錫先生一貫的做法是在得到 5 個問題的滿意答案之前從不考慮方法問題。他的第一個問題始終是：「你的目標是什麼，也就是說，你想要完成的工作是什麼？」他的第二個問題是：「有哪些人可以完成這項工作，也就是說你的人事狀況如何？」他的第三個問題是：「這些人如何融入整體營運以及他們的職責是什麼？也就是說，你的組織架構是怎樣的？」他的第四個問題是要求描述營運所涉及的硬體設備設施。第五個問題是關於可用的財政資源。詹姆士‧麥肯錫先生說，只有根據這些資訊，才能明智地確定問題優先級排

序，從而進行具體操作。這是將良好的思維運用到管理問題中的一個典範案例，事實上它適用於任何問題。我聽說詹姆士‧麥肯錫先生早年在一個耶穌會大學接受過教育。你要知道邏輯學可是這類學校的標準課程。這也許有助於解釋詹姆士‧麥肯錫先生精確而有序的思維習慣，而上述準則只是其中一個例子而已。

到目前為止，我們所展開的關於管理的所有討論都涉及方法的問題——事情應該如何去做。在我看來，關於在管理中如何運用思考，沒有比詹姆士‧麥肯錫先生的這一套準則總結得更到位的了。

我們注意到營運的問題或者說如何去做一件事情只是管理問題的一部分，或者說只是管理問題中的一小部分。剩下的問題都和做事情的人有關——「人事」這個詞所包含的所有問題，這些問題毫無疑問都是商業中最微妙也是最困難的問題，比其他問題更耗費腦力。通常情況下，即使在做出了正確的決定之後，在這一領域採取有效的行動仍然需要傑出的人才。然而我應該這麼說，在這個領域，良好的執行能力是最常見的技能，而善於思考的能力則是非常罕見的。正如我曾指出的那樣，相較於商業領域中任何一種別的思維方式所能實現的效益，真正良好地思考這些問題所產生的效益往往會更大而且更持久。

在第八章中我已經舉出了關於在人事問題上運用良好地思考的例子，在此就不再贅述。倘若沒有對實際情況做出詳細描

第十一章　管理中的思考創新

述,就直接闡述解決方案,這樣做是毫無意義的。

參照我對商業領域中其他問題的處理和在本章中對管理問題的處理,你無疑會得出這樣的結論:管理中的重要問題是隱藏在表面下的問題,不太容易得出有用的總結。這一領域中的問題不容易歸納的一個主要原因是,在這些問題中,人的因素居於主導地位,而且這個因素存在太多變數。有數不清的關於管理的著作都致力於創造有用的原則。顯而易見的原則已經被好好地編纂成文,在任何一本關於這一主題的優秀著作中都可以找到。據我所知,人們還沒有掌握那些更重要但並不是很明顯的原則,我也不確定人們以後是否能夠掌握。但是它們的確和關於正確的欲望、正確的思考以及正確的行為的普遍原則密不可分。能夠充分描述這些原則的都是偉大的著作,但不是在商業管理方面而是在哲學方面。

Part 3　實現思考的價值

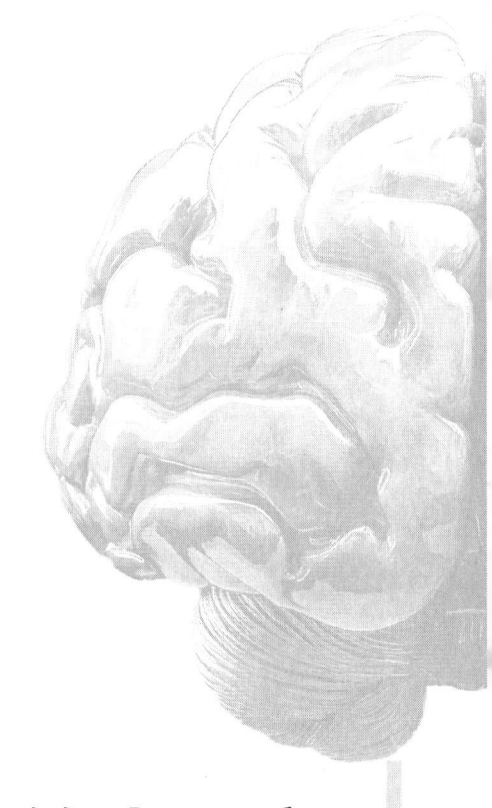

第十二章
銷售手法中的思考應用

奧斯華・克瑙特先生的格言:「所謂銷售規劃就是賣什麼商品」——採購什麼商品——市場調查研究——回答人們為什麼要買東西以及他們的行為動機這兩個問題——在購買行為中發揮作用的基本動機——專業採購的完善及其與提高生活水準之間的關係

Part 3　實現思考的價值

　　幾年前，我為奧斯華‧克瑙特先生工作時，我時常聽到他這麼說：「所謂銷售規劃就是賣什麼商品。」奧斯華‧克瑙特先生現在是聯合紡織品有限公司的總裁，他是最偉大的商人之一。我這麼說並不是因為他顯赫的職務，儘管這一職務對他而言實至名歸，而是因為至少在我看來，他是一個知道如何去思考和行動的人，不過我人微言輕。他對銷售規劃的定義就是一個很好的證明，而且這一定義雖然乍看之下略顯通俗，實際上所表達的意義十分深奧。在粗心的從業者的概念中，銷售規劃包含著很多策略、原理、原則以及技巧，然而這些實際上只是最終目標的假象而已。許多從事銷售規劃的人都確信衡量一個優秀商人的標準在於他是否有能力實現多標高價、少標低價、高庫存周轉率、有效的品類控制或者關於銷售規劃的任何其他流於表面的陳詞濫調。然而奧斯華‧克瑙特先生透過現象直接看到了銷售規劃的本質，並且將其簡單地歸納為：「所謂銷售規劃就是賣什麼商品。」

　　對於商人來說，最純粹的檢驗標準就是他是否能採購人們真正想要的東西。統計人員才是應該掌握公開市場和各貨物的低價並負責商品管理和庫存周轉細節的人。當然這些都是必要的細節。哪怕是世界上最精明的商品買手，只要他頑固地一直採購遠遠超過需求的商品，或者經常在銷售規劃中犯一些類似這樣的錯，那他一定會破產。不過相對於能熟練地處理選擇商品的關鍵問題，避免錯誤的銷售規劃實在只是小兒科的事情。

第十二章　銷售手法中的思考應用

我們先不從正面入手,而是迂迴地接近這個問題。我在關於宣傳的那一章中說過,宣傳的三個關鍵問題是「對誰宣傳」、「宣傳什麼」以及「如何宣傳」。我也說過這其中的第二個問題代表了宣傳和銷售職能之間的重疊區域或者共同領域。現在讓我來告訴你這是怎麼回事。

某個商店在報紙上全年刊登廣告,每次一整版,每週四天。這裡就涉及這個商店在報紙上宣傳什麼這一問題。應對這一問題明確的方法是把一年的廣告當作寫一本兩百頁的書。書寫好之後,商店可以在年底的時候把那兩百頁裝訂好,然後真誠地說:「這是我們商店的故事,裡面對我們做了最全面生動的紀錄。它講述了我們的商品、我們的服務以及我們的個性。」但是大多數商店都沒有這樣做。如果他們做了,零售業廣告可能不會這樣枯燥無味。然而,即使有一個商店打算這樣做,在開始執行之前,它還會遇到幾個大問題。其中一個大問題就是我所關注的廣告對象這一首要問題,也就是「宣傳什麼」。

廣告對象這一問題是宣傳和銷售規劃這兩種職能的契合點。負責宣傳和銷售規劃的高層們應該共同回答這一問題。然而實際上只有負責銷售規劃的高層們才能夠決定出現在貨架上的是什麼商品,而負責宣傳的高層們只能從貨架上的商品中選擇宣傳對象。因此在做廣告之前,我們必須把分析倒退到最初的商品採購上去。

至少透過推理我們已經知道了商品本身在整個商店問題優

先級排序中的位置。我們也已經陳述了問題——採購什麼商品？現在需要進行仔細分析。這時我們應該問的是：在我們開始第二步——將資料整理成模式之前，作為解決方案的第一步，我們應該蒐集哪些資訊？

「採購什麼商品」這一問題無疑會引出「為誰採購」這個問題。因此我們首先要獲得的資訊是關於潛在購買者的。他們是誰？他們住在哪裡？他們如何生活？他們有多少錢？他們購買不同商品各花了多少錢？他們的習慣是什麼？他們的家庭規模多大？他們家庭成員的年齡如何分布？他們會選擇什麼樣方式度過假期，假期中他們會買什麼東西？這類問題的清單要足夠長、足夠充分，這些問題至少要得到大致的回答，這樣才能更細緻地完成顧客畫像，而我們所畫出的只是潛在顧客模板的輪廓。

你會說：「但是這涉及費用昂貴的市場調查。」如果一個位於市中心的商店去做市場調查，那麼費用昂貴是毋庸置疑的。但是你認為在一個只有兩百人的村莊裡經營的一個普通店主在採購商品時，對他這兩百個潛在客戶有關上面提到的這些資訊難道沒有清楚的了解嗎？他顯然不是不了解這些資訊，甚至了解得更多。除了在規模上之外，你認為這種情況和大百貨公司在性質上有真正的區別嗎？顯然沒有。許多企業高層對市場調查持懷疑態度，我想這是因為市場調查的成本總是很高，而且結果經常是無效的，或會使人產生誤解。然而這是調查者自己的錯誤，不等於是市場調查理論的錯誤。

第十二章　銷售手法中的思考應用

我們一致認為「市場調查」這個詞對於精通實踐的人而言只是一個華而不實的標籤，因為這只是村子裡的小店主的日常生計來源。良好的市場調查應該得到可靠而且令人滿意的結論，只要執行正確，市場調查對於任何業務都是有利的。進行市場調查前，必須首先確定一些簡單的事情，比如想要了解哪些人群、想要了解哪些事實。一旦預先確定了想要的資訊，專家們就可以指導你透過可靠的詢問技巧來獲得這些資訊。最後，為了完成市場調查，想像力和較強的理解能力也是不可或缺的。對於類似過程，我們需要的是技巧，而不是什麼神機妙算或者神祕的力量。假設你成功地完成了一項市場調查，那麼你現在是否已經掌握了足夠的資訊去回答「採購什麼商品」這一問題了呢？答案是還沒。你仍然缺少最重要的資訊。你還必須知道人們為什麼要買東西，為什麼要買各式各樣的東西。事出有因，有的原因可能很簡單，有的可能像我們現在討論的這個問題一樣，原因是多重的。如果你對事情的原因不夠了解，就不要指望能夠巧妙地應對它。因此問題的重點是，人們為什麼要買東西？我將試著去引導你思考這個問題，而不是描述這一問題的答案。心理學家對人的主要行為動機或者基本行為動機的看法並不完全一致。然而在這個問題上，即使是專家之間存在分歧對我們而言也可以作為有用的資訊。一些心理學家認為，人類的所有行為動機實際上最終都可以追溯到某種形式的性衝動。而另一些心理學家認為人類對安全的需求同樣也是基本的和本

能的。還有一些觀點則總結了人類對於身體健康、舒適和快樂的渴望。很多心理學家大量研究了人類渴望得到認可、讚揚、友誼或妒忌豔羨的心理。不過，大家可能對搞清楚這些有關心理學的問題並不感興趣，所以我們還是把時間留給其他問題吧。因此關於所有這些觀點，我們最好不去考慮每個自相矛盾的主張的真正價值，而是把這些觀點至少作為人類基本行為動機索引表的開頭。倘若我們可以在這個索引表上再完善幾項近似於人類的基本行為動機，然後仔細地定義我們在描述這些動機時所使用的詞語的確切含義，那就可以準備進入下一步了。這意味著將每個動機細分為不同社會行為的動機，例如，渴望得到他人的讚揚。這種心理衝動的表現之一就是我們通常所說的「勢利」。例如某些商品內在的市場價值其實很低，但如果包含「對勢利的顧客的吸引力」這種外在因素，那麼它們就會具備相當高的市場價值。不管它們的內在價值到底是什麼，可以肯定的是，勞斯萊斯汽車能夠以每輛 1.5 萬美元的價格持續銷售的很大一部分原因就是「對勢利的顧客的吸引力」。擁有勞斯萊斯汽車確實是一種身分的象徵。這象徵著你是一個富有的、有社會地位的人，或者在以前更保守的時代它就代表著財富和地位。

關於這方面，我想推薦一本具有啟發意義的書。這本書是托斯丹・邦德・韋伯倫（Thorstein Bunde Veblen）所著的《有閒階級論》。他在書中創造了「炫耀性浪費」一詞，並研究了這個概念的心理根源和社會影響。購買一輛勞斯萊斯汽車，用韋伯

第十二章　銷售手法中的思考應用

倫的話來說，就是一種「炫耀性浪費」行為。

許多社會名流所推薦的廣告都是以不同的方式引發「勢利的顧客的本能」和「炫耀性浪費」的欲望。生活和商業都會受到直覺的影響，由於一個特定的目的或某些人類基本的行為動機而產生某種行為。

在這裡我極力想要強調的一個事實是顯性知識比隱性知識更有價值。如果你能把對人類行為動機的直覺的理解提高到文字層面和顯性層面，那麼你將有更好的機會來巧妙地調整你的行為以適應這些動機推動你的方向和強度。

現在讓我們著手來回答「採購什麼商品」這個問題。如果你已經充分而理性地明確了市場調查中所包含的資訊，以及我們解釋人類基本行為動機時所羅列的那些資訊，那麼你現在就可以好好地回答這個問題了。

你可以透過調查現在所生產的產品來開始構思問題的答案。現在讓我們舉一個簡單的例子：羊毛毯子。在美國國內只有三四十家生產羊毛毯子的廠商，因此對於羊毛毯子的買家而言，熟悉這些廠商並不難，同樣，比較這些毛毯也並非難事。現在讓我們來看看這個過程。

毛毯有其固有的價值，比如保暖性、抗拉強度、耐洗性、耐磨性以及抗褪色程度。毯子的尺寸大小不一，毯子的鑲邊也各有不同。在視覺效果上，它們有不同的圖案和顏色。因為纖維含量以及紡織或編織的方式不同，它們給人的觸覺感受也大

相逕庭。此外，它們的包裝、名稱等其他方面也各有差異。

如果一個毛毯採購商想更專業地採購毛毯，並發揮其作為大眾採購代理者的真正職能，那他就會對比這些毛毯的品質，然後再多做兩件事情。他會確定目前正在生產的任何一種毛毯是否是最適合未來客戶需求的產品。除非這個毯子能夠激發購買者的購買動機或滿足其潛在需求，否則它就不是理想的商品。它必須不僅能激發購買者所有可能的購買動機，還必須有良好的吸引力。因為可以預料到大多數毯子都達不到這一點，因此採購商會做第二件事，即根據他對客戶需求的了解，利用他關於製作和設計毛毯的專業技術知識，來建議廠商生產某一種毛毯，而這種毛毯將會是最合適的。

這就是我所謂的專業採購工作。每一個好的採購商都會憑直覺來做這件事情。然而幾乎沒有哪個採購商會明確地按照我所描述的步驟來做。在我看來，顯性方法將會帶來很大的改進效果。我剛剛讀了一遍我上文所寫的關於專業採購的文字。我突然想到大眾讀者一定被我這種堅持用非常複雜的推理作為良好零售基礎的方式弄糊塗了。畢竟商店似乎採購了消費者所需要的東西，並且一直做得很好。為什麼我要這麼吹毛求疵呢？為什麼要在這樣一個簡單的問題上引入如此複雜微妙的東西呢？對這個問題，我可以給出兩個答案。首先，你隨便逛一逛任何一個商店，用批判的眼光去看它的商品，然後用你的標準（畢竟你也是消費者）問問自己，如果這些商品在採購時，被給

第十二章　銷售手法中的思考應用

予我所描述過的那些專業性關注,那麼有多少商品有待改進,可以改進多少?其次,如果你相信我的話,對於提高生活水準而言,再沒有什麼比忠實而熟練地執行這種專業採購過程更有幫助了。我還沒談到價格問題。如果你想告訴一個人如何寫出一篇好的論文,毫無疑問,你關注的是文體和內容的問題。至於是用白紙還是方格紙,用鋼筆還是用鉛筆,則是作者的問題。我將價格問題歸為這一範疇。一個好的採購代理商會盡力以最低的價格讓客戶獲得最好的產品。我認為和低價格有關的是次要的藝術,就像擦鞋一樣,它並不複雜。這本書旨在探索良好地思考的應用而不是教大家成為好的百貨公司採購商,所以關於壓低價格的技巧在此就沒必要贅述了。

由於銷售規劃是一個過程,和管理相比,可以高度概括,我也許可以繼續提供一些例子告訴大家如何在這一領域有效地利用良好地思考。但是我寧願只為你舉出上面那個重要的例子。繼續舉例只是增加案例數量,而且不見得效果和上面那個例子一樣好。

Part 3　實現思考的價值

第十三章
聚焦思考的終極目標

「思考是為了生活,而不僅僅是為了像商業這種生活中的次要部分」—— 思考與幸福 —— 思考與宗教 —— 思考與生活

Part 3　實現思考的價值

　　我在這本書的前言中提過，我寫這本書是有目的的。如果可以的話，我想傳播一種理念：人類——所有人類——都能夠學會更好地思考，並因此變得更優秀。學習的過程是相通的。既然一般人都有學習的能力，那麼只需要把要學的資訊擺在人們面前，然後在需要學習的課程和學生之間有人扮演老師或者能夠有共鳴的傳播者，那麼學生就會有真誠的學習欲望。這就是我為什麼會確信每個人都可以學會更好地思考。有一點不言而喻，那就是如果人們這樣做了，他們就會因此變得更加優秀。這也是一種經得起合理論證的主張，不過我希望至少可以暫時停止這種論證。

　　如果你想學點東西，首先你需要確定的是你學習的對象，所以讓我們暫時討論一下思考過程的本質。我們已經考慮了各種呈現在意識和潛意識層面的模式和模式組合。有了這種對思考的理解，我們似乎有必要探究一下它的過去了。現在讓我們來追溯思考歷史上的重要人物，從蘇格拉底、柏拉圖、亞里斯多德到阿奎納，直到現代思考領域的專家。我們會注意到兩千年前的人們其實所知甚多，而從那時起到現在卻所知甚少，我們會發現自己非常不明智，我們試圖去創造準則，然而這些準則早已為古人所知並記載了下來。

　　考慮到你的思考方式受到思考內容的嚴格限制，我們又探討了這個問題並確定了其局限性。大腦無法思考它從未經歷過的事情，它可以將已知的經驗素材整理成新的、未知的模式，

第十三章 聚焦思考的終極目標

但是對於它沒有經歷過的經驗卻無法整理。這充分說明了最大限度獲得經驗的重要性。要盡力獲取經驗,不僅要讓自己和社會接觸的範圍盡可能的廣泛和多樣化,而且對於新感受的接收必須是敏感和聰慧的。我們說過,獲得全面經驗的方式有很多種。行動,或者說充實的生活是其中一種不可或缺的方式。除此之外,另外兩種最好的方式是閱讀和交談。透過觀察,我們完成了對思考行為的研究。

然後我指出,思考始終是一種行為,但並不一定是一門藝術。要真正地學習一門藝術,你必須分別學習和實踐它的主要部分,並希望掌握這些內容之後,能夠將它們組合成流暢優美的節奏,這就是整個藝術。我們列舉了六種思考工具,六條基本規則以及進一步使用那些思考工具的特殊規則。然後透過學習和實踐將這些部分組合到整個思考藝術中去。

至此,我們已經把與思考的行為和藝術有關的客觀原則擺在了面前。我們希望把這些原則帶入生活之中,並展示它們如何應用於生活。我們選擇將它們應用到現代商業領域實踐的各個方面以及其中所涉及的關鍵問題來達成我們的目的。我們深入分析了其中的一個商業領域——宣傳。而對商業的其他四個階段只是簡略地一筆帶過,因為我們並沒有打算寫一本關於商業的教科書,而只是把商業作為一種方便的素材來闡述更好地思考的準則。我們解決了其中的一些業務問題,對另一些只是做了陳述,這樣做是為了提供一幅生動真實的畫卷,描繪那些

處於解決階段和待解決階段的各種問題，而不是假裝只要你認真思考就可以清晰堅定地解決所有錯綜複雜的問題。做過這些說明後，我們的討論已近尾聲。還有什麼要做的呢？

思考是為了生活，而不僅僅是為了像商業這種生活中的次要部分。至少我要在生活的其他方面勇敢地進行思考，這樣我才能結束對思考的目標的討論。我發現自己在思考古希臘人曾提出的一個觀點：每個人最渴望的是幸福。然而果真如此，為什麼古希臘人會把智慧看作是人類的至善呢？然後我很愉快地回想起他們是如何詳盡闡述他們的觀念的。他們很清楚，一個愚蠢的人有時是幸福的，而一個人要是既愚蠢又幸運，那麼他甚至可能會幸福一輩子。但在古希臘人看來，這似乎是一種毫無遠見的生活規劃方式。他們說，接受別人給的幸福是一種愚蠢的表現，而靠雙手去創造幸福並且使自己得到這樣的幸福則是一種智慧。他們認為，世界上所謂的「大不幸」，對於那些其自信滿滿地認為幸福來自於內心的聰明人來說，並沒有什麼重大意義。

當蘇格拉底被認為要對腐蝕雅典青年的行為負責時，審判他的法官們其實很不情願將他判處極刑，他只要繳納一筆象徵性的罰款，就可以免除進一步的懲罰，而要求他必須做的事情也只是象徵性地保證不會再繼續他的教導。直到最後，只要繳納那筆小小的罰款，蘇格拉底就可以保住他的性命。他的朋友們懇求他接受這個提議，並主動要求立即幫他籌來所需的這筆錢。然而蘇格拉底非常和藹地拒絕這樣做，因此他被判處死刑

而飲下了毒酒。

我想,所有文學作品中最動人也是最著名的段落之一,就是柏拉圖關於蘇格拉底飲下毒酒的記載——蘇格拉底,這位睿智的哲人在與他哭泣的朋友們進行最後的高尚對話時,輕描淡寫地將手中的那杯毒酒一飲而盡。蘇格拉底認為他的死並不重要,甚至對他本人也是如此。相反,這使他感到莫大的幸福,因為他知道,在一生中,他一直忠於自己的原則,臨死的時候,並沒有拋棄這些原則而是求仁得仁。可以肯定的是,他是最具智慧的人之一,同樣我們也無法懷疑,當他活著的時候,他是世界上最幸福的人之一。他的幸福是他自己創造的,不會被外界的不幸所打擾。如果我們以與他同時代的人的觀點來判斷的話,他的幸福並不僅僅是堅不可摧和不受外界侵擾的幸福,而且是一種靜水流深的幸福。

你可以把充滿智慧的蘇格拉底式的幸福比作一條大河,它奔流不息,直到匯入大海。你也可以把愚蠢之人的幸福比作一條淺淺的小溪,它湍急地流了一段時間,然後到達一個無法前進的地點,最後在一潭死水或者一片泥濘的泥沼中劃上了句號。這樣的比喻可以讓你了解蘇格拉底的信念,而智者的幸福與愚者的幸福相比,不僅更深刻,而且更持久。

寫這些語句的時候,我很難不帶有一種嚴肅的口吻,而我的本意絕非布道似的說教。我知道如果我滿足於對你這麼說,「蘇格拉底是一個聰明人,因此他是一個快樂的人,他的快樂比

Part 3　實現思考的價值

愚蠢的人更持久,而且更深刻。」那麼我將無法向你們傳達蘇格拉底穿越兩千多年向我和其他許多人傳達的那種感覺。我的角色是傳遞者,如果我剛才告訴你的那些關於蘇格拉底的事情,可以讓你理解他的思想,那麼我的目的也就達到了。

有些人在宗教中尋求並得到了蘇格拉底在哲學中所尋求的這些安慰。蘇格拉底自己也是一個虔誠的人。我們要牢記,有宗教信仰的人希望有智慧,而智慧的人則是虔誠的,這兩者之間不可能存在對立。

如果人們可以更好地思考,那麼他們就會因此變得更優秀,蘇格拉底就是明證。所以進一步地證明僅僅是重複而已。

更好地思考的目標是更好地生活。在商業領域的微觀世界中進行更好地思考,正如我們在這本書中所做的那樣,充其量不過是在這個世界中更好地生活的一次彩排。這本書誕生在這個動盪的世界。但是,如果沒有正確地思考和人們恰當的欲望,就沒有治癒這個動盪時代的良藥。

我感謝一直陪伴我尋找這種正確地思考的讀者。最後我要為這本書的不足之處道歉。在我看來,我自己在這本書中出現得過於頻繁,我也要為這樣的干涉表示道歉 —— 但是我認為自己不應該置身事外,我只是保持以求索的態度而不是高傲自大的態度(請相信我)再次走進本書中探討這些問題。

我仍然希望有一天在一位更加卓越的思想家筆下會誕生一本著作,一本能更好地闡釋「更好地思考」這一主題的著作。

# 第十三章　聚焦思考的終極目標

國家圖書館出版品預行編目資料

重新定義思考！從枯燥到創新，打破思維的邊界：當思考邏輯被重塑，混沌中的難題將迎來突破的契機 /[美] 小理查德・威爾（Richard Weil Jr）著，李江艷 譯 .-- 第一版 .-- 臺北市 : 財經錢線文化事業有限公司 , 2025.02
面； 公分
POD 版
ISBN

電子書購買

爽讀 APP

重新定義思考！從枯燥到創新，打破思維的邊界：當思考邏輯被重塑，混沌中的難題將迎來突破的契機

臉書

作　　　者：[美] 小理查德・威爾（Richard Weil Jr）
翻　　　譯：李江艷
責任編輯：高惠娟
發　行　人：黃振庭
出　版　者：財經錢線文化事業有限公司
發　行　者：崧燁文化事業有限公司
E - m a i l：sonbookservice@gmail.com
粉　絲　頁：https://www.facebook.com/sonbookss/
網　　　址：https://sonbook.net/
地　　　址：台北市中正區重慶南路一段 61 號 8 樓
8F., No.61, Sec. 1, Chongqing S. Rd., Zhongzheng Dist., Taipei City 100, Taiwan
電　　　話：(02) 2370-3310　　傳　　　真：(02) 2388-1990
印　　　刷：京峯數位服務有限公司
律師顧問：廣華律師事務所 張珮琦律師

-版權聲明-

本書版權為樂律文化所有授權財經錢線文化事業有限公司獨家發行電子書及紙本書。
若有其他相關權利及授權需求請與本公司聯繫。
未經書面許可，不可複製、發行。

定　　　價：350 元
發行日期：2025 年 02 月第一版
◎本書以 POD 印製